DOMAINE DU POSSIBLE

La crise profonde que connaissent nos sociétés est patente. Dérèglement écologique, exclusion sociale, exploitation sans limites des ressources naturelles, recherche acharnée et déshumanisante du profit, creusement des inégalités sont au cœur des problématiques contemporaines.

Or, partout dans le monde, des hommes et des femmes s'organisent autour d'initiatives originales et innovantes, en vue d'apporter des perspectives nouvelles pour l'avenir. Des solutions existent, des propositions inédites voient le jour aux quatre coins de la planète, souvent à une petite échelle, mais toujours dans le but d'initier un véritable mouvement de transformation des sociétés.

ENSEIGNER À VIVRE

Citations :
Page 13 : © Éditions du Cerf, 1990.
Page 13 : © Éditions de l'Encyclopédie des Nuisances, 1997.
Page 15 : © Éditions Seghers, 1944.
Page 43 : © Springer, 1973.
Page 51 : © Éditions L'Harmattan, 2006.
Page 73 : © Éditions Denoël, 1970.

© Actes Sud | Play Bac, 2014
ISBN 978-2-330-03432-0
www.actes-sud.fr

EDGAR MORIN

ENSEIGNER À VIVRE

MANIFESTE POUR CHANGER L'ÉDUCATION

DOMAINE DU POSSIBLE
CHANGER L'ÉDUCATION
ACTES SUD | PLAY BAC

PRÉFACE

Ce livre prolonge une trilogie vouée, non tant à une réforme de notre système d'éducation, mais à son dépassement, terme qui signifie non seulement que ce qui doit être dépassé doit être aussi conservé, mais aussi que tout ce qui doit être conservé doit être revitalisé. Il oblige à repenser non seulement la fonction, je dirais même la mission enseignante, mais aussi ce qui est enseigné. Si enseigner, c'est enseigner à vivre, selon la juste formule de Jean-Jacques Rousseau, il est nécessaire de détecter les carences et lacunes de notre enseignement actuel pour affronter des problèmes vitaux comme ceux de l'erreur, de l'illusion, de la partialité, de la compréhension humaine, des incertitudes que rencontre toute existence.

Ce nouveau livre ne fait pas que récapituler les idées des précédents, il développe tout ce que signifie enseigner à vivre dans notre temps qui est aussi celui d'Internet, dans notre civilisation où nous sommes si souvent désarmés voire instrumentalisés, dans notre ère à la fois anthropocène du point de vue de l'histoire de la terre, et ère planétaire du point de vue de l'histoire des sociétés humaines.

J'ai entrepris ce travail avec foi et ferveur sous l'impulsion chaleureuse de Jérôme Saltet, cofondateur des éditions Play Bac, lui aussi très conscient de la partie anthropologique qui se joue dans l'éducation, et avec la conscience encouragée de savoir que ce livre est le premier d'une série d'ouvrages intitulée Changer l'éducation, à paraître dans la collection Domaine du Possible d'Actes Sud, vouée à la repensée et au traitement de tous les divers et multiples problèmes qui affectent notre système éducatif. Je remercie Jean-Paul Capitani et Françoise Nyssen, qui m'ont permis d'ouvrir cette collection. Je remercie Jean-Paul Dussausse, Didier Moreau, Jean-François Sabouret qui lancent dans le désert français la Fondation Edgar-Morin des savoirs.

Je remercie mes fidèles amis qui m'accompagnent sur le chemin non tracé d'avance qui est le mien *(caminante no hay camino, camino se hace al andar)* Jean-Louis Le Moigne, Mauro Ceruti, Sabah Abouessalam, Gianluca Bocchi, Sergio Manghi, Oscar Nikolaus, Pascal Roggero, Nelson Vallejo, Alfredo Pena Vega, Ceiça Almeida, Emilio Roger Ciurana, Ana Sanchez,

Claudia Fadel, Teresa Salinas, Ruben Reynaga, Carlos Delgado et pardon à ceux que j'oublie.

Je remercie encore une fois celle dont l'amour, le cœur et le courage me donnent ardeur de vivre, sans qui j'aurais failli ou défailli, ma compagne de vie et épouse Sabah Abouessalam.

E. M.

Lions inséparablement la formule de Hans Jonas sur la planète dégradée que nous laisserons à nos enfants et la formule de Jaime Semprun s'inquiétant des carences de notre éducation :

> *Quelle planète allons-nous laisser à nos enfants*[1] *?*
> HANS JONAS
>
> *À quels enfants allons-nous laisser le monde*[2] *?*
> JAIME SEMPRUN

---

1. Hans Jonas, *Le Principe de responsabilité : une éthique pour la civilisation technologique*, Les éditions du Cerf, 1990. Traduit de l'allemand par Jean Greisch.
2. Jaime Semprun, *L'abîme se repeuple*, éditions de l'Encyclopédie des Nuisances, 1997.

I
VIVRE !

1. Qu'est-ce que vivre ?

Le temps d'apprendre à vivre, il est déjà trop tard.

ARAGON[1]

Jean-Jacques Rousseau a formulé le sens de l'éducation dans l'*Émile* où l'éducateur dit de son élève : "Vivre est le métier que je lui veux apprendre[2]." La formule est excessive, car on peut seulement aider à apprendre à vivre. Vivre s'apprend par ses propres expériences avec l'aide d'abord des parents, puis des éducateurs, mais aussi par les livres, la poésie, les rencontres. Vivre, c'est vivre en tant qu'individu affrontant les problèmes de sa vie personnelle, c'est vivre en tant que citoyen de sa nation, c'est vivre aussi dans son appartenance à l'humain. Bien sûr, lire, écrire, compter sont nécessaires au vivre. L'enseignement de la littérature, de l'histoire, des mathématiques, des sciences, contribue à l'insertion dans la vie sociale ; l'enseignement de la littérature est d'autant plus utile qu'il développe en même temps sensibilité et connaissance ; l'enseignement de la philosophie stimule en chaque esprit réceptif la capacité réflexive, et bien sûr, les enseignements spécialisés sont nécessaires à la vie professionnelle. Mais il manque de plus en plus la possibilité d'affronter les problèmes fondamentaux et globaux de l'individu, du citoyen, de l'être humain.

Vivre est une aventure. Chaque être humain, dès l'enfance, dès l'école, à l'adolescence, âge des grandes aspirations et des grandes révoltes, au moment de faire des grands choix de vie, amour, famille, travail, et à tout âge et jusqu'à la fin de vie, rencontre le risque d'erreur et d'illusion, de connaissance partielle ou partiale.

---

1. Louis Aragon, *La Diane française*, L. P. Seghers, 1944.
2. Jean-Jacques Rousseau, *Émile ou De l'éducation*, Livre I : *L'Âge de la nature*, chez Jean Néaulne, 1762, p. 13.

L'école et l'université enseignent des connaissances, mais non la nature de la connaissance qui porte en elle-même le risque d'erreur et d'illusion, car toute connaissance, à commencer par la connaissance perceptive jusqu'à la connaissance par mots, idées, théories, croyances, est à la fois une traduction et une reconstruction du réel. Dans toute traduction il y a risque d'erreur *(traduttore traditore)* ainsi que dans toute reconstruction. Nous sommes sans cesse menacés de nous tromper sans le savoir. Nous sommes condamnés à l'interprétation, et nous avons besoin de méthodes pour que nos perceptions, idées, visions du monde soient les plus fiables possibles.

Du reste quand nous considérons les certitudes, y compris scientifiques, des siècles passés et quand nous considérons les certitudes du XXᵉ siècle, nous voyons erreurs et illusions dont nous nous croyons guéris. Mais rien ne dit que nous sommes immunisés de nouvelles certitudes vaines, de nouvelles erreurs et illusions indétectées. De plus, la raréfaction de la reconnaissance des problèmes complexes, la surabondance des savoirs séparés et dispersés, partiaux et partiels dont la dispersion et la partialité sont elles-mêmes sources d'erreur, tout cela nous confirme qu'un problème clé de notre vie d'individu, de citoyen, d'être humain à l'ère planétaire, est celui de la connaissance. Partout on enseigne des connaissances, nulle part on n'enseigne ce qu'est la connaissance alors que de plus en plus d'investigations commencent à pénétrer dans cette zone mystérieuse entre toutes, celle du cerveau/esprit humain.

D'où la nécessité vitale d'introduire, dès les premières classes jusqu'à l'université incluse, la connaissance de la connaissance. Du coup, enseigner à vivre n'est pas seulement enseigner à lire, écrire, compter, ni seulement enseigner les connaissances basiques utiles de l'histoire, de la géographie, des sciences sociales, des sciences naturelles. Ce n'est pas se concentrer sur les savoirs quantitatifs ni privilégier les formations professionnelles spécialisées, c'est introduire une culture de base qui comporte la connaissance de la connaissance.

La question de la vérité, qui est celle de l'erreur, m'a poursuivi de façon particulière dès les débuts de l'adolescence. Je n'héritais pas d'une culture transmise par ma famille. Dès lors les idées opposées avaient pour moi chacune quelque chose de convaincant. Faut-il réformer ou révolutionner la société ? La réforme me semblait plus pacifique et humaine mais insuffisante, la révolution plus radicalement transformatrice, mais dangereuse.

Il me semblait au début de la guerre être totalement immunisé à l'égard de l'Union soviétique, c'est-à-dire du communisme stalinien.

Or à partir de la contre-offensive qui libère Moscou de l'encerclement et simultanément l'entrée en guerre du Japon et des États-Unis (décembre 1941) qui mondialise la guerre, il se passe un travail de conversion de mon esprit : l'arriération héritée du tsarisme (Georges Friedmann[1]), l'encerclement capitaliste vont expliquer pour moi les carences et vices de l'URSS. Une fois brisé l'encerclement capitaliste, après la victoire des peuples s'épanouirait une culture fraternelle, véritablement communiste. Ce que j'avais appris de Trotski, Souvarine[2] et tant d'autres fut alors refoulé dans les souterrains de mon esprit. Un espoir infini quasi cosmique balayait toutes réticences.

Le désenchantement commence avec le regel soviétique. Une succession de mensonges énormes et crapuleux me démoralise jusqu'au choc final pour moi du procès Rajk à Budapest en septembre 1949. Finalement je subis une exclusion qui coupe le cordon ombilical et me libère (1951). Quelques années plus tard je me livre à un travail autocritique publié en 1959[3] pour comprendre les causes et mécanismes de mes erreurs dues moins à mes ignorances qu'à mon système d'interprétation et de justification, où j'avais refoulé comme secondaires, provisoires et épiphénoménaux, les vices qui constituaient la nature même du système stalinien. Je crois m'être débarrassé

1. Sociologue ayant publié : Georges Friedmann, *De la Sainte Russie à l'URSS*, Gallimard, 1938. La lecture de ce livre participe du choix que j'ai fait d'adhérer au parti communiste en 1942 ; voir mon ouvrage : Edgar Morin, *Autocritique*, [R. Julliard, 1959], Éditions du Seuil.
2. Intellectuels, militants politiques antistaliniens.
3. Edgar Morin, *Autocritique* [R. Julliard, 1959], Éditions du Seuil, 2012.

à jamais des pensées unilatérales, de la logique binaire qui ignore contradictions et complexités.

J'ai alors découvert que l'erreur peut être féconde à condition de la reconnaître, d'en élucider l'origine et la cause afin d'en éliminer le retour.

Le travail libérateur de l'autocritique que j'ai effectué a voulu aller à la source. J'ai compris qu'une source d'erreur et d'illusions est d'occulter les faits qui nous gênent, de les anesthésier et de les éliminer de notre esprit. Je savais déjà par Hegel qu'une vérité partielle conduisait à l'erreur globale. J'ai mieux compris grâce à Adorno ("la totalité est la non-vérité") que la vérité totale est une erreur totale.

J'ai compris à quel point nos certitudes et croyances peuvent nous tromper, à réfléchir rétrospectivement à tous les aveuglements qui ont conduit la France à la guerre de 1939 sans savoir la préparer, à toutes les erreurs et illusions de notre état-major en 1940, à toutes les aberrations et mirages qui ont suivi. Et à penser à la marche somnambule d'une nation de 1933 à 1940 vers le désastre, je crains le nouveau somnambulisme apparu dans notre crise qui n'est pas seulement économique, pas seulement de civilisation, mais aussi de pensée. Je me demande si les angoisses, les désarrois, les détresses qui s'accroissent dans notre temps ne produisent pas les phobies et aveuglements de rejet et de haine : "éveillés ils dorment[1]" disait Héraclite.

Déjà j'avais dans mon livre *L'Homme et la Mort*[2], écrit en 1948-1950, découvert l'importance du mythe et de l'imaginaire qui font partie de la réalité humaine elle-même. Je sais depuis qu'ils portent en eux des vérités profondes, mais aussi de non moins profondes illusions.

Autocritique a été un nouveau point de départ d'une difficile recherche de vérité à laquelle se voua notre revue *Arguments*[3] (1957-1962), lieu de

1. Héraclite, *Fragments*, Presses universitaires de France [1986], 5e édition, 2011. Texte établi, traduit, commenté par Marcel Conche.
2. Edgar Morin, *L'Homme et la Mort*, Éditions du Seuil [1951], coll. "Points", 1976.
3. *Arguments* ; un choix d'articles de la revue est paru dans la collection "10/18", Union générale d'éditions, 1976.

réinterrogation des idées reçues ou réputées évidentes, effort de repensée qui nous permit de "dépasser" le marxisme (en intégrant Marx). Cet effort de recherche fut poursuivi sur un autre terrain dans le Cresp[1], animé par Cornélius Castoriadis et Claude Lefort, auxquels je me joignis en 1963.

Peu auparavant, à la suite d'une hospitalisation, j'avais décidé d'examiner quelles étaient mes "vérités" ce qui donna lieu à un manuscrit publié huit ans plus tard sous le titre *Le Vif du sujet*.

Mon obsession de la "vraie" connaissance m'amena à découvrir en 1969-1970, grâce à un séjour en Californie, la problématique de la complexité. En fait la notion de complexité est venue éclairer rétrospectivement ma façon de penser, qui déjà reliait des connaissances dispersées, déjà affrontait les contradictions plutôt que s'en détourner, déjà s'efforçait de dépasser des alternatives jugées indépassables. Cette façon de penser n'avait pas disparu, bien que souterraine, lors de mon euphorie de communiste de guerre.

Désormais ce ne sont pas seulement les erreurs de fait (d'ignorance), de pensée (dogmatisme) mais l'erreur d'une pensée partielle donc partiale, l'erreur de la pensée binaire qui ne voit que ou/ou, incapable de combiner et/et, et, plus profondément, l'erreur de la pensée réductrice et de la pensée disjonctive aveugles à toute complexité, qui constituent le problème à traiter. Le mot méthode m'est venu comme indication qu'il fallait cheminer longuement et difficilement pour arriver à concevoir les instruments d'une pensée qui soit pertinente parce que complexe.

Et chemin faisant, j'ai acquis la conviction que notre éducation, si elle donne des outils pour vivre en société (lire, écrire compter), si elle donne les éléments (malheureusement séparés) d'une culture générale (sciences de la nature, sciences humaines, littérature, arts), si elle se voue à préparer ou fournir une éducation professionnelle, souffre d'une carence énorme en ce qui concerne un besoin premier du vivre[2] : se tromper et

---

1. Centre de recherches économiques, sociales et politiques.
2. Tout ce qui est actuellement enseigné constitue d'une certaine façon une aide au vivre : les mathématiques sont utiles pour savoir calculer (encore que les calculettes nous en ont fait perdre

s'illusionner le moins possible, reconnaître sources et causes de nos erreurs et illusions, chercher en toute occasion une connaissance la plus pertinente possible. D'où une première et essentielle nécessité : enseigner à connaître la connaissance qui est toujours traduction et reconstruction. Est-ce dire que je prétends apporter la vérité ? J'apporte des moyens pour lutter contre l'illusion, l'erreur, la partialité. Les théories scientifiques, comme l'a montré Popper, n'apportent aucune vérité absolue et définitive, mais elles progressent en dépassant des erreurs. J'apporte non une recette mais des moyens pour éveiller et stimuler les esprits à la lutte contre erreur, illusion, partialité et notamment celles propres à notre époque d'errance, de dynamismes incontrôlés et accélérés, d'obscurcissement du futur, erreurs et illusions qui dans la crise actuelle de l'humanité et des sociétés sont périlleuses et peut-être mortelles.

L'erreur et l'illusion dépendent de la nature même de notre connaissance, et vivre est affronter sans cesse le risque d'erreur et d'illusion dans le choix d'une décision, d'une amitié, d'un habitat, d'un(e) conjoint(e), d'un métier, d'une thérapie, d'un candidat aux élections, etc. Vivre est avoir besoin pour agir, de connaissances pertinentes qui ne soient ni mutilées ni mutilantes, qui replacent tout objet ou événement dans leur contexte et leur complexe.

Pourtant il faut prendre des décisions, et pour cela faire des choix. Ce que la pensée complexe enseigne, c'est d'être conscient que toute décision et tout choix constituent un pari. Souvent une action est détournée de son sens quand elle entre dans un milieu d'inter-rétroactions multiples et elle peut revenir

---

l'habitude) et surtout raisonner logiquement ; les sciences naturelles pour nous reconnaître dans l'univers physique et biologique ; l'histoire pour nous enraciner dans le passé et nous insérer dans le devenir, la géographie pour nous faire lire l'histoire de notre Terre à travers dérive des continents, plissements, surrection des montagnes, creusement des vallées ; la littérature nous permet de développer notre sens esthétique et les grands romans comme les grands essais pourraient être enseignés comme une éducation à la complexité humaine. La philosophie devrait entretenir ou ranimer en nous l'interrogation sur notre existence et développer en nous la capacité réflexive. L'apport de la culture scientifique et celui de la culture humaniste, malheureusement de plus en plus disjointes, pourraient être reliés pour constituer une authentique culture qui serait auxiliaire permanente à nos vies. Mais cela déjà nécessite une profonde réforme.

fracasser la tête de son auteur. Que de défaites et désastres n'ont-ils pas été provoqués par la certitude téméraire de la victoire ! Que de retournements funestes après une ivresse de liberté comme place Tahrir et place Maidan !

Vivre est une aventure qui comporte en elle-même des incertitudes toujours renouvelées, avec éventuellement crises ou catastrophes personnelles et/ou collectives. Vivre c'est affronter sans cesse l'incertitude y compris dans la seule certitude qui est notre mort mais dont nous ne connaissons pas la date. Nous ne savons pas où et quand nous serons heureux ou malheureux, nous ne savons pas quelles maladies nous subirons, nous ne connaissons pas à l'avance nos fortunes et infortunes. Nous sommes de plus entrés dans une grande époque d'incertitudes sur nos avenirs, celui de nos familles, celui de notre société, celui de l'humanité mondialisée.

Comme l'a annoncé Ulrich Beck[1] nous sommes désormais dans une société où se multiplient des risques nouveaux, liés à des accidents techniques de toutes sortes, crashs d'avions, accidents d'automobiles, naufrages massifs, risques créés par les centrales nucléaires pacifiques et surtout péril mortel pour l'humanité de la multiplication des armes nucléaires. Patrick Lagadec[2] nous dit que notre "civilisation du risque" "fabrique" des catastrophes économiques, politiques, écologiques et culturelles de manière systémique. Il s'agit donc aussi pour enseigner à vivre, d'enseigner à affronter les incertitudes et les risques.

Vivre nous confronte sans cesse à autrui, familial, familier, inconnu, étranger. Et nous avons dans toutes nos rencontres et nos relations besoin de comprendre autrui et d'être compris par autrui. Vivre c'est avoir sans cesse besoin de comprendre et d'être compris. Notre époque de communications n'est pas pour autant une époque de compréhensions. Nous risquons toute notre vie

1. Ulrich Beck, *La Société du risque : Sur la voie d'une autre modernité*, Aubier, 2001 [1986].
2. Patrick Lagadec, *La Civilisation du risque. Catastrophes, technologies et responsabilité sociale*, Éditions du Seuil, 1981.

l'incompréhension de soi à autrui et d'autrui à soi. Il y a incompréhension dans les familles entre enfants et parents, parents et enfants, incompréhension dans les ateliers ou bureaux, incompréhension des étrangers dont on ignore les mœurs et coutumes. La compréhension humaine n'est nulle part enseignée. Or le mal des incompréhensions ronge nos vies, détermine des comportements aberrants, des ruptures, des insultes, des chagrins.

Ainsi notre éducation ne nous enseigne que très partiellement et insuffisamment à vivre, et elle s'écarte de la vie en ignorant les problèmes permanents du vivre que nous venons d'évoquer et en découpant les connaissances en tranches séparées. La tendance techno-économique de plus en plus puissante et pesante tend à réduire l'éducation à l'acquisition de compétences socioprofessionnelles au détriment des compétences existentielles que peuvent donner une régénération de la culture et l'introduction de thèmes vitaux dans l'enseignement[1].

Il nous faut obéir à l'injonction du précepteur de l'*Émile* de Jean-Jacques Rousseau : "enseigner à vivre". Certes il n'y a pas des recettes de vie. Mais on peut enseigner à relier les savoirs à la vie. On peut enseigner à développer au mieux une autonomie et, comme dirait Descartes, une méthode pour bien conduire son esprit, qui permet d'affronter personnellement les problèmes du vivre. Et on peut enseigner à chacun et à tous ce qui aide à éviter les pièges permanents de la vie.

1. Edgar Morin, *La Tête bien faite. Penser la réforme, réformer la pensée*, Éditions du Seuil, 1999.

2. Bien vivre ?

Que signifie vivre ? Le mot vivre a un premier sens : être en vie. Mais il prend un sens plein quand on différencie vivre de survivre. Survivre, c'est sous-vivre, être privé des jouissances que peut apporter la vie, satisfaire difficilement des besoins élémentaires et alimentaires, ne pas pouvoir épanouir ses aspirations individuelles. Vivre, par opposition à survivre, signifie pouvoir épanouir ses qualités et aptitudes propres.

Dans de nombreuses sociétés dont la nôtre, une partie de la population est condamnée à sous-vivre. Mais la plus grande partie vit en alternant le survivre et le vivre.

Est-ce bien vivre que de subir contraintes, obligations ? N'est-ce pas dans ce cas vivre de façon prosaïque, c'est-à-dire sans plaisirs, joies, satisfactions alors que vivre de façon poétique serait s'épanouir dans la plénitude, la communion, l'amour, le jeu ? Et ne sommes-nous pas condamnés à alterner le prosaïque et le poétique dans nos vies ?

Nos moments de plénitude ne sont-ils pas ceux où nous nous sentons "être bien" ? Être bien et bien-être sont alors synonymes : nous sommes en bien-être près d'une personne aimée, dans une commensalité amicale, après une belle action, au sein d'un beau paysage.

Mais le mot bien-être s'est dégradé en s'identifiant aux conforts matériels et aux facilités techniques que produit notre civilisation. C'est le bien-être des fauteuils profonds, des télécommandes, des vacances polynésiennes, de l'argent toujours disponible.

La croissance des chiffres du PIB, de la consommation des ménages, des indices de satisfaction des consommateurs indiquent la croissance de ce bien-être mais ignorent qu'un mal-être psychique et moral se développe dans la croissance du bien-être matériel. C'est la leçon de la jeunesse californienne, qui dans les années 1960 a fui le bien-être des familles les plus riches du monde pour vivre dans des communautés frugales et chercher l'intensité du vivre dans l'extase des concerts rocks, des herbes et drogues. C'est aujourd'hui la voie de la sobriété heureuse qu'indique Pierre Rabhi[1].

En fait le bien être occidental s'identifie au beaucoup avoir, alors qu'il y a une opposition, souvent remarquée, entre être et avoir. La notion de *buen vivir* ou bien vivre, englobe tous les aspects positifs du bien être occidental, en rejette les aspects négatifs qui provoquent mal-être, et ouvre la voie à une recherche du bien vivre qui comporte des aspects psychologiques, moraux, de solidarité, de convivialité. Alors il faudrait introduire dans la préoccupation pédagogique le vivre bien, le "savoir-vivre", "l'art de vivre" et cela devient chaque fois plus nécessaire dans la dégradation de la qualité de la vie sous le règne du calcul et de la quantité, dans la bureaucratisation des mœurs, dans les progrès de l'anonymat, de l'instrumentation où l'être humain est traité en objet, dans l'accélération générale depuis le fast-food jusqu'à la vie de plus en plus chronométrée. Nous arrivons à l'idée que l'aspiration au bien vivre nécessite l'enseignement d'un savoir-vivre dans notre civilisation.

Vivre se situe concrètement dans un temps et un lieu. Le temps est le nôtre et le lieu est non seulement notre pays, mais notre civilisation typiquement occidentale dans son économie, ses techniques, ses mœurs, avec ses problèmes de vie quotidienne.

1. Pierre Rabhi, *Vers la sobriété heureuse*, Actes Sud, 2010.

3. Savoir vivre : philosophie de la philosophie

La philosophie, si l'on prend le sens littéral du terme (ami ou amant de la sagesse), identifie la pratique de la sagesse à un authentique savoir-vivre.

En fait le terme de philosophie a pris un sens plus ample. Elle comporte une interrogation sur le monde, la réalité, la vérité, la vie, la société, l'être et l'esprit humain. Ce n'est pas une discipline, elle n'a pas de cloisons, elle problématise tout ce qui relève de l'expérience humaine. Et de plus elle s'interroge sur la sagesse : dès les Grecs, la sagesse était considérée soit comme vie guidée par la raison et comportant le contrôle sur soi-même, soit comme vie sachant jouir d'elle-même. Dans tous les cas, même si les modèles de sagesse ont différé, ils comportent invariablement une aspiration à la lucidité et une volonté d'agir pour ce que l'on pense être le bien vivre.

La philosophie est devenue une profession, celle des professeurs de philosophie, elle s'est divisée en branches pédagogiques, philosophie générale, histoire de la philosophie, morale, tandis que la psychologie et la sociologie lui échappaient pour devenir autonomes et se voulant scientifiques. La sagesse s'est trouvée dissoute dans ces séparations.

La philosophie s'est de plus refermée sur elle-même. Alors qu'elle interrogeait les sciences jusqu'à Bergson et Bachelard, seuls quelques philosophes comme Michel Serres, Jean-Jacques Salomon ou Isabelle Stengers réfléchissent sur le devenir de la science, qui transforme notre vision du monde et notre monde. Certes beaucoup d'enseignants en philosophie échappent à la fermeture, mais cela ne se traduit pas dans les programmes, et cela n'intervient que marginalement dans leur culture universitaire ou normalienne.

Quand on demandait à Hegel ce qu'était la philosophie, il répondait avec ironie : "La philosophie, c'est le gagne-pain des professeurs de philosophie[1]."

---

1. Voir la critique de Schopenhauer : "Je suis d'ailleurs arrivé peu à peu à la conviction que l'utilité de la philosophie universitaire le cède au préjudice que la philosophie en tant que profession porte à la philosophie en tant que recherche libre de la vérité, ou que la philosophie gouvernementale est inférieure à la philosophie de la nature et de l'humanité [...]. Il est donc excessivement rare qu'un véritable philosophe ait été en même temps professeur de philosophie [...]. Nous constatons

Les cours de philosophie sont réservés aux classes de terminales où du reste ils sont menacés. Il faut dire aussi que les programmes ignorent qu'une philosophie vivante devrait se consacrer au bien vivre, ce que dans la tradition philosophique on désigne par "la vie bonne", et que cette mission devrait commencer dès le début du secondaire, en commençant par interroger la condition humaine (ce que nous indiquons plus loin, p. 95-96) car il ne saurait y avoir de philosophie sans anthropologie, ni d'anthropologie sans philosophie. Elle reprendrait toutes les grandes interrogations de son histoire, qui concernent non seulement la connaissance du monde, mais le monde de la connaissance, les modes de la connaissance, la connaissance du connaissant (le "connais-toi toi-même" de Socrate).

Et qu'en est-il de la sagesse aujourd'hui ? Le monde, sous l'impulsion occidentale, a pris un modèle prométhéen, activiste, de maîtrise, de conquête du pouvoir sur la nature et cette maîtrise refoule toute idée de sagesse. Le problème de la mort et de la vie (qu'en faire ?) est occulté par l'agitation dans laquelle nous sommes emportés. Le dépérissement des anciennes solidarités est allé de pair avec le développement de l'individualisme. L'individualisme possède une face illuminée et claire : ce sont les libertés, les autonomies, la responsabilité, mais il possède aussi une face sombre : l'égoïsme, l'atomisation, la solitude, l'angoisse. Nous avons signalé les progrès du mal-être, non seulement chez ceux qui sont privés du bien-être matériel, mais aussi au sein des jouisseurs de ce bien-être.

Il y a en retour un besoin contemporain sinon de sagesse, du moins d'échapper à la superficialité, à la frivolité, aux intoxications consommationnistes, au pouvoir de l'argent, un besoin d'une relation sereine entre le corps, l'âme et l'esprit. C'est le recours à l'Orient, au bouddhisme, au zen, aux gourous, à la métaphysique *new age*. Ce sont aussi les recours aux modes

sur-le-champ que, de tout temps, très peu de philosophes ont été professeurs de philosophie, et que moins de professeurs de philosophie encore ont été philosophes", in *Parerga et Paralipomena*, "Philosophie et philosophes", 1851.

proprement occidentaux de traiter la relation âme/corps/esprit comme les psychothérapies, les psychanalyses.

Où trouver la sagesse au sein de notre civilisation de la démesure, cette *hubris* que les Grecs identifiaient à la folie ? Peut-on pratiquer une vie raisonnable dans un monde déraisonnable ? Par ailleurs, on peut se demander si manger sainement, vivre sainement, ne pas prendre de risques, ne jamais dépasser la dose prescrite, si cette vie raisonnable n'est pas une vie sans vie. La vie comporte un minimum de dépense, de gratuité, de déraison. Castoriadis a dit : "L'homme est cet animal fou dont la folie a inventé la raison[1]." Qu'est-ce qu'une vie raisonnable ? Il n'y a aucun critère raisonnable d'une vie raisonnable.

Comme nous l'avons indiqué, la vie est un tissu mêlé ou alternatif de prose et de poésie. On peut appeler prose les contraintes pratiques, techniques et matérielles qui sont nécessaires à l'existence. On peut appeler poésie ce qui nous met dans un état second ; d'abord la poésie elle-même, la musique, la danse, la jouissance, et l'amour bien entendu. Prose et poésie ensemble étaient dans les sociétés archaïques étroitement tissées. Par exemple, avant de partir en expédition, ou au moment des moissons, il y avait des danses, des chants, tout cela faisait partie des rites. Nous sommes dans une société qui évidemment tend à disjoindre prose et poésie et une très grande offensive de prose est liée à la grande offensive technique, glacée, mécanique, chronométrée où tout se paye, tout est monétarisé. La poésie bien sûr essaye de se défendre dans les amours, les amitiés, les ferveurs. La poésie c'est l'esthétique, c'est la jouissance, c'est l'amour, c'est la vie par opposition à la survie !

Qu'est-ce qu'une vie raisonnable ? Est-ce mener une vie prosaïque ? Folie ! Mais il nous faut de la prose pour ressentir la poésie. Car si nous n'avions qu'une vie en permanence poétique, nous ne la sentirions plus.

---

1. Edgar Morin, *Amour poésie sagesse*, Éditions du Seuil, 1997, p. 62.

Certes nous avons besoin de rationalité dans nos vies[1]. Mais nous avons besoin d'affectivité, c'est-à-dire d'attachement, d'épanouissement, de joie, d'amour, d'exaltation, de jeu, de Je, de Nous.

Il faut même accepter ou chercher les moments de ce que Bataille appelait la *consumation*[2], exaltation extrême, qui comporte dépense, gaspillage, folie.

On vit très mal sans raison, on vit très mal sans passion. Aussi la seule rationalité serait celle de mener nos vies dans une navigation permanente, dans une dialectique raison/passion. Pas de passion sans raison, mais pas de raison sans passion.

La sagesse serait de lier sérénité à intensité, comme dit justement Patrick Viveret[3]. La bonne dialectique raison/passion est celle qui serait guidée par la bonté et l'amour. C'est la seule voie pour dépasser ce que *Homo sapiens-demens* a inventé : la haine, la méchanceté gratuite, la volonté de détruire pour détruire.

La nouvelle sagesse comporte la compréhension que toute vie personnelle est une aventure insérée dans une aventure sociale, elle-même insérée dans l'aventure de l'humanité.

La sagesse moderne ne peut qu'être un peu folle. Ou plutôt elle doit être remplacée par un art de vivre, toujours à recommencer, toujours à réinventer.

---

1. L'héritage de la rationalité est ce qu'il y a de plus riche dans la pensée contemporaine et qui doit être conservé, rationalité pas seulement critique mais autocritique qui a permis de douter fortement (comme chez Montaigne) du degré de vérité de notre civilisation par rapport à celle, par exemple, des Indiens d'Amérique, et qui permettait à Montaigne de dire : "On appelle barbares les gens d'une autre civilisation", et qui a permis, enfin, aux anthropologues occidentaux de se rendre compte que ces cultures qu'ils méprisaient totalement, dites primitives, n'étaient pas seulement des tissus de superstitions mais pouvaient comporter également, étroitement mêlées, des sagesses et des vérités profondes, et de considérer que ce qui venait d'Asie et de ses civilisations multimillénaires n'était pas seulement de l'arriération mais comportait des trésors culturels qu'on avait sous-développés ou ignorés en Occident.

2. Georges Bataille, *La Part maudite*, Éditions de Minuit, coll. "L'Usage des richesses", 1949.

3. *Pour un nouvel imaginaire politique*, Fayard, 2006.

Nous savons que l'aptitude à jouir (j'entends par là jouir de la vie), c'est en même temps l'aptitude à souffrir. Si j'apprécie le très bon vin, je souffre lorsqu'on m'oblige à boire un vin que je trouve mauvais alors que si je n'avais pas cultivé une aptitude gustative, je pourrais très bien boire n'importe quoi avec indifférence. De même l'aptitude au bonheur c'est l'aptitude au malheur. Quand on a connu le bonheur avec un être cher et que cet être vous quitte ou meurt, vous êtes malheureux parce que justement vous avez connu le bonheur. Faut-il, pour ne plus être malheureux, ne plus être heureux ? Le *Tao tö-king* dit : "Le malheur marche au bras du bonheur, le bonheur est au pied du malheur."

Ce n'est pas le bonheur qu'il faut chercher. Plus on le cherche plus il fuit. Il faut chercher l'art de vivre, qui donne en prime de grands et petits bonheurs.

Ce qui doit être sauvegardé de la sagesse, c'est éviter la bassesse, de céder à des pulsions vengeresses, punitives. Cela suppose beaucoup d'auto-examen, d'autocritique, d'acceptation de la critique d'autrui. Le refus des idées de vengeance et de punition se situe au centre de la sagesse. C'est dans cette éthique, que sont impliquées ces vertus antiques, lesquelles nous reviennent par la voie orientale : savoir se distancer à l'égard de soi-même, savoir s'objectiver.

Cette distanciation, on peut la prendre en prise directe comme chez Montaigne. Elle consiste à se voir comme objet tout en sachant que l'on est sujet, à se découvrir, s'examiner, s'autocritiquer. Se comprendre est nécessaire pour comprendre les autres, comme nous le verrons p. 50-68. Cela est vital, mais non enseigné. On a même dévalué l'introspection. Cependant, c'est cela qu'il faut enseigner et apprendre : savoir se distancer, savoir s'objectiver, savoir s'accepter, savoir méditer, réfléchir.

Voilà ce qu'une philosophie ressourcée pourrait apporter aux élèves dès le plus jeune âge. La philosophie doit cesser d'être considérée comme discipline pour devenir motrice et guide dans l'enseigner à vivre. Elle doit redevenir socratique, c'est-à-dire suscitant sans cesse dialogue et débat. Elle doit redevenir aristotélicienne, c'est-à-dire mettre en cycle (encyclopéder) les connaissances acquises et les ignorances découvertes par notre temps. Elle doit redevenir platonicienne, c'est-à-dire s'interroger sur les apparences de la réalité. Elle doit redevenir présocratique et lucrétienne, en réinterrogeant le monde à la lumière et l'obscurité de la cosmologie moderne.

4. Affronter les incertitudes

Les sciences nous ont fait acquérir beaucoup de certitudes, mais nous ont également révélé au cours du XXe siècle d'innombrables domaines d'incertitudes. L'enseignement devrait comporter un enseignement des incertitudes qui sont apparues dans les sciences physiques (microphysiques, thermodynamique, cosmologie), les sciences de l'évolution biologique et les sciences historiques.

L'incertitude est au cœur de la science

La "science classique" était fondée sur un déterminisme absolu, donc une élimination totale du hasard. On le retrouve dans la figure du Démon de Laplace qui, possédant la connaissance totale, saurait à la fois tout de l'avenir et tout du passé. Bien que perdurant sous une certaine forme dans la science moderne, cet idéal déterministe est aujourd'hui vidé de sa substance. Ce fut dû, en premier lieu, au second principe de la thermodynamique qui introduisit un principe de désordre dans l'univers. Au début du XXe siècle, la mécanique quantique est à son tour venue bousculer la conception classique, avec non plus seulement du hasard, mais une imprédictibilité et une incertitude fondamentales sur le comportement, et même sur la nature, des objets microphysiques. Ce fut le surgissement d'une incertitude *logique*, en plus d'une incertitude empirique. À partir des travaux de Hubble sur l'expansion de l'univers, on a pu mettre en évidence l'incertitude qui pèse sur ses origines, ses constituants et son devenir en édifiant les concepts de "matière noire" et d'"énergie noire". Enfin, les théories du chaos nous apprennent que, même lorsqu'un système est déterministe, l'incertitude qui règne sur les conditions initiales fait qu'on ne peut pas en prédire le comportement. On ne peut plus éliminer l'incertitude car on ne peut pas connaître avec une précision parfaite toutes les interactions d'un système, surtout lorsque celui-ci est très complexe. L'imprédictibilité se trouve donc au cœur même du déterminisme lui-même.

L'approche par induction et déduction, qui fonde à la fois la science classique et notre façon ordinaire de connaître le monde, a été mise en question. Popper a montré les limites de l'induction, et le théorème de Gödel a montré celles de la déduction[1]. La qualité probatoire de la rationalité n'est plus absolue.

La science classique était fondée sur trois principes : disjonction, réduction et déterminisme. Or chacun d'entre eux montre aujourd'hui ses carences. On se rend compte qu'elle a eu tendance à disjoindre des éléments qui sont en fait liés (d'où la question de la complexité) ; le phénomène d'émergence montre qu'on ne peut pas réduire la connaissance d'un système à celle de ses constituants de base et le déterminisme ne tient plus pour les raisons déjà évoquées.

Si cette rupture est aujourd'hui consommée, il n'en demeure pas moins que les scientifiques manquent de la culture épistémologique nécessaire pour concevoir un changement de paradigme. Certes chacun dans sa discipline essaie de négocier avec l'incertitude. Mais le problème d'ensemble n'est pas posé. On n'arrive pas à penser ce problème d'une manière radicale et globale, problème dont, finalement, l'irruption de l'incertitude n'est qu'un des aspects. Il faut donc changer la façon de concevoir la connaissance scientifique[2].

Incertitude et doute sont liés, l'un appelle l'autre et l'autre appelle l'un. Hegel disait : "Le scepticisme est l'énergie de l'esprit", car il s'attaque aux dogmes et aux croyances. La tendance maîtresse de la science classique, qui est la poursuite de la certitude, se trouve désormais liée dialectiquement avec la découverte des incertitudes. Cette découverte nous pousse à rompre avec "l'addiction aux certitudes" selon l'expression de Daniel Favre, qui nous rend myopes voire aveugles. De même la pleine conscience du piège permanent des erreurs et illusions, qui prennent toujours l'apparence de vérités certaines, doit susciter la mise en activité du doute. La nécessité du doute est accrue dans notre époque où fausses informations, rumeurs, ragots ne sont

1. Edgar Morin, *La Méthode* (t. 3), *La connaissance de la connaissance. Anthropologie de la connaissance*, Introduction générale, Éditions du Seuil, 1986. Nouvelle édition, coll. "Points", 2014.
2. Edgar Morin, *La Méthode* (t. 1), *La nature de la nature*, chapitre III : Le nouveau monde, Éditions du Seuil, 1977. Nouvelle édition, coll. "Points", 2014.

pas véhiculés seulement par le bouche-à-oreille mais sont propagés avec une vitesse et une amplitude inouïes par Internet. Il faut savoir aussi que le doute incontrôlé et illimité se transforme en la certitude paranoïaque que tout est faux ou mensonger. Il faut aussi savoir douter du doute.

Cela nécessite, ici encore et plus que jamais, le recours à la réflexion. La réflexion, si nécessaire à l'efficacité de la pensée et de la décision, est sacrifiée au nom de l'efficacité de la pensée et de la décision, efficacité calculée selon la logique quantophrénique des experts, très rarement soumise à méditation. Partout s'accumulent les résultats de sondages, enquêtes, évaluations, recherches sans qu'on cherche à y réfléchir, c'est-à-dire les considérer sous divers angles, les faire passer d'un secteur de l'esprit à l'autre, comme les ruminants le font d'un estomac à l'autre.

Tout est absorbé sans être digéré et nous rejetons comme déchet ce qui devrait être réabsorbé. Nous devrions faire avec ces pseudo-déchets ce que les lapins font de leurs premières crottes. Celles-ci sont riches en bactéries succulentes, et ils mangent ces crottes si nutritives.

L'incertitude, en renouant avec les vertus du scepticisme hégélien, brise nos certitudes artificielles et nous montre les risques du présent, les limites du savoir et la part de mystère dans l'Univers. En cela, elle s'oppose à la tendance paresseuse de l'esprit qui adhère facilement à la conviction et tend à transformer la théorie en doctrine, voire en dogme. Or il y a une différence radicale entre une théorie et une doctrine. La théorie est par essence "biodégradable", réfutable par des éléments de connaissance nouveaux. Une doctrine, si elle peut avoir les mêmes éléments constitutifs qu'une théorie, refuse en revanche de se modifier si elle est contredite. Or, même dans les sciences, les théories ont souvent tendance, au fil du temps, à se figer en doctrines. Prendre acte du caractère changeant des théories scientifiques donc, notamment, de l'incertitude sur notre propre connaissance, permettrait de mieux comprendre pourquoi, par exemple, presque toutes les théories scientifiques du XIXe siècle, à l'exception de la thermodynamique et de la théorie de l'évolution, sont aujourd'hui obsolètes.

5. Incertitudes du vivre[1]

L'incertitude est inséparable du vivre. Toute naissance est incertaine et commence une vie dont aucune certitude ne sera donnée, sauf celle de sa mort, mais dont la date et la cause sont incertaines.

La formule du poète grec Euripide, vieille de vingt-cinq siècles, est plus actuelle que jamais : "L'attendu ne s'accomplit pas, et à l'inattendu un dieu ouvre la porte." L'abandon des conceptions déterministes de l'histoire humaine qui croyaient pouvoir prédire notre futur, l'examen des grands événements et accidents de notre siècle qui furent tous inattendus, le caractère désormais inconnu de l'aventure humaine doivent nous inciter à préparer les esprits à s'attendre à l'inattendu pour l'affronter. Il est nécessaire que tous ceux qui ont la charge d'enseigner se portent aux avant-postes de l'incertitude de nos temps.

Toute action, une fois qu'elle est entreprise, tend à échapper aux intentions et à la volonté de son acteur pour entrer dans un jeu d'interaction et de rétroaction avec le milieu (social ou naturel) qui peut en modifier le cours, parfois même jusqu'à l'inverser. C'est ce que j'appelle *"l'écologie de l'action"*. Les exemples de décisions politiques qui produisent des effets inverses à ceux attendus parsèment l'histoire humaine. Mon maître Georges Lefebvre[2] rappelait souvent que les préludes de la Révolution française ont émergé d'une réaction aristocratique pour récupérer des pouvoirs cédés à la monarchie absolue de Louis XIV, ce qui a déclenché la convocation des états généraux de 1789. Toute décision est donc un *pari*, en particulier dans un milieu riche en interactions et rétroactions, et l'action appelle une *stratégie* susceptible de se modifier en fonction des aléas rencontrés et des informations acquises au cours de l'action.

1. *Le Prisme à idées*, n° 4, septembre 2011.
2. Historien français, qui fut mon professeur en Sorbonne, auteur notamment de : Georges Lefebvre, *La Grande Peur de 1789*, Armand Colin, 1932.

On est arrivé à une époque où les risques que la technologie humaine nous fait encourir sont considérablement amplifiés, d'où l'idée de "société du risque", de laquelle s'ensuit le principe de précaution. Le paradoxe, bien sûr, est que, d'une part, l'application stricte du principe de précaution interdit toute initiative tandis que, d'autre part, l'acceptation aveugle du risque est dangereuse. Il y a là un jeu dialectique nécessaire, qui consiste à combiner risque et précaution comme dans l'avion où se sont multipliées les sécurités inexistantes dans la locomotion terrestre. Mais parfois il faut parier sur l'un ou sur l'autre.

On ne peut quantifier que le probable. Or le calcul des probabilités ne couvre qu'une petite zone du monde possible et l'accident est non seulement improbable, mais inattendu. Quand on se focalise sur les probabilités de sécurité, on ferme les yeux sur les improbabilités d'accident. Hölderlin disait : "Là où croît le péril, croît aussi ce qui sauve[1]." Il est certain que, si nous avions eu une conscience rapide des dangers que font courir le progrès technologique et l'économie libérale à la biosphère, on aurait créé un organisme international de régulation efficace depuis bien longtemps. Aujourd'hui, peu est envisagé et rien n'est décidé. La prise de conscience de l'accroissement des risques est atrophiée.

Considérons la catastrophe de Fukushima : elle résulte d'un double aveuglement qui, d'une part, a fait primer les intérêts économiques sur la sécurité des populations et, d'autre part, a conduit à ignorer les spécificités géomorphologiques de la zone d'implantation de la centrale. Plus généralement, on peut identifier plusieurs types de risques liés au nucléaire. Celui qui a été le mieux occulté par ses thuriféraires concerne sans aucun doute les déchets, radioactifs pendant des milliers d'années, dont on ne sait pour l'instant pas se débarrasser proprement et qui font peser une lourde menace sur les générations futures. Le risque de la défaillance technique est également omniprésent. On

---

1. Friedrich Hölderlin, *Œuvres*, Gallimard, coll. "La Pléiade", 1967, p. 67 dans Hymnes. Publié sous la direction de Philippe Jaccottet. "Mais aux lieux du péril croît aussi ce qui sauve." Je cite ici la traduction telle que la donne Heidegger.

sait qu'il arrive des dizaines d'incidents chaque jour dans les centrales, en général sans gravité. Mais lorsque au problème technique s'ajoute une erreur humaine, alors on n'est jamais bien loin de la catastrophe. Enfin, depuis le 11 septembre 2001, on a pris conscience que nos centrales n'étaient pas protégées en cas d'attaque similaire à celle qui a frappé le World Trade Center. Néanmoins, et notamment en France, le recours massif au nucléaire a entraîné un sous-développement de toutes les autres formes d'énergie, à commencer par les énergies renouvelables. Il est tout de même assez troublant de penser que les végétaux tirent leur énergie du soleil depuis des millions d'années et que, pour notre part, nous sommes encore incapables d'exploiter massivement cette ressource quasiment illimitée et sûre.

Le cas des antibiotiques est également intéressant. Dans les années 1960, on était naïvement persuadé qu'on avait éradiqué les bactéries pathogènes grâce aux antibiotiques et qu'on ne tarderait pas à éliminer les virus d'une façon similaire. La découverte du sida d'une part et des bactéries résistantes d'autre part ont mis fin à ces espoirs. Le risque d'infection a été *accru*, alors qu'on souhaitait le réduire. On avait ignoré le fait que le monde bactérien est un monde qui communique en son sein et "apprend" de l'adversité. On avait oublié que les virus ont un art de mutation qui déjoue les défenses. Enfin, on constate que l'hôpital, lieu de guérison, est lieu d'infection par les impitoyables maladies nosocomiales.

Aujourd'hui, les OGM présentent chances et risques, mais vu les risques (dont l'un des plus importants est la domination accrue de multinationales comme Monsanto sur l'agriculture mondiale), je pense qu'il est présentement nécessaire d'appliquer le principe de précaution. C'est mon pari actuel sur cette question.

La conscience de l'incertitude a gagné le devenir historique. Le progrès, conçu depuis le XIXe siècle comme loi certaine de l'histoire humaine, est devenu incertain. Le futur, prédictible encore en 1960 par les futurologues, est devenu imprédictible.

L'incertitude sur le futur de l'humanité vient principalement du cours incontrôlé et impensé des processus techniques, scientifiques, économiques, lié aux aveuglements que produit notre type de connaissance parcellaire et compartimentée. Les risques inhérents à cette grande aventure qui nous emporte produisent de l'incertitude, devant laquelle défaille le principe de précaution. Risque et incertitude sont donc liés par une dialectique qui les renvoie sans cesse l'un à l'autre.

Il faut comprendre que toute décision est pari, ce qui au lieu de donner une certitude illusoire donne de la vigilance.

Il faut apprendre à naviguer dans un océan d'incertitudes à travers des archipels de certitude.

Il faudrait enseigner des principes de stratégie, qui permettent d'affronter les aléas, l'inattendu et l'incertain, et de modifier leur développement, en vertu des informations acquises en cours de route.

On n'élimine pas l'incertitude, on négocie avec elle.

6. Vivre libre

L'éducation à vivre doit favoriser, stimuler une des missions de toute éducation : l'autonomie et la liberté de l'esprit. Comme nous l'indiquons ailleurs, il n'y a pas d'autonomie mentale sans dépendance à ce qui la nourrit, c'est-à-dire la culture, ni sans conscience des dangers qui menacent cette autonomie, c'est-à-dire les dangers de l'illusion et de l'erreur, des incompréhensions mutuelles et multiples, des décisions arbitraires dans l'incapacité de concevoir les risques et les incertitudes. C'est dire que l'éducation à l'autonomie s'insère pleinement dans l'éducation à vivre, telle qu'elle est présentée dans ce livre. L'éducation à la liberté de l'esprit comporte non seulement la fréquentation des écrivains, penseurs et philosophes, mais aussi l'enseignement de ce qu'est la liberté : la liberté de penser est la liberté de choix dans les diverses opinions, théories et philosophies. La liberté personnelle est dans le degré de possibilité de choix dans les occurrences de la vie. Ainsi le degré de liberté dans le choix d'une boîte de sardines dans un supermarché est moindre que la liberté de choix d'un costume, lequel est moindre que la liberté de choix d'une résidence lui-même moindre que la liberté de choix d'un conjoint.

Plus le niveau du choix est élevé, plus grande est la liberté. C'est pourquoi les riches ont des niveaux de liberté plus nombreux et plus grands, que les miséreux sont réduits quasi à l'absence de libertés, que les pauvres ont des libertés très restreintes, que les étrangers n'ont pas la liberté de vote du citoyen. Toutefois la vraie liberté de l'esprit ne dépend pas de la richesse. L'esprit de l'esclave Épictète était plus libre que celui de son maître. Le maître, comme l'a montré Hegel, dépend de son esclave. Ceux qui ont ressenti l'aspiration à la liberté et se sont révoltés contre l'oppression ont été plus libres que leurs oppresseurs. En politique, la liberté est un risque. Kravtchenko a "choisi la liberté" en désertant l'ambassade de l'URSS en 1946, mais cela lui a valu d'être assassiné. Rujdie a subi une sentence de mort par fatwa. Énoncer une idée non conforme à la conviction collective (celle des esprits abusés ou ignares) est un péril. La liberté peut être périlleuse dès qu'elle contredit les vérités établies. Il faut comprendre les prudents, dont l'esprit est libre, mais en secret. Il faut saluer les héros de la liberté. Cela fait aussi partie de l'enseignement de la liberté, mais le fond de cet enseignement, c'est celui de la conscience des choix, c'est-à-dire la conscience des dangers, des incertitudes, des renversements du sens de l'action, donc de l'écologie de l'action ; c'est la conscience du pari qu'est tout choix, et la conscience de mener une stratégie permanente pour éviter que le résultat du choix ne dégénère.

7. Pour conclure

L'école, actuellement surtout pour l'adolescence, n'apporte pas le viatique bien-faisant pour l'aventure de vie de chacun. Elle n'apporte pas les défenses pour affronter les incertitudes de l'existence, elle n'apporte pas les défenses contre l'erreur, l'illusion, l'aveuglement. Elle n'apporte pas, nous le verrons dans le chapitre suivant, les moyens qui permettent de se connaître et de comprendre autrui. Elle n'apporte pas la préoccupation, l'interrogation, la réflexion sur la bonne vie ou le bien vivre. Elle n'enseigne que très lacunairement à vivre, défaillante en cela à ce qui devrait être sa mission essentielle.

II
UNE CRISE MULTIDIMENSIONNELLE

*Notre Université présente forme à travers le monde
une proportion trop grande de spécialistes de
disciplines prédéterminées, donc artificiellement
bornées, alors qu'une grande partie des activités
sociales, comme le développement même de la
science, demande des hommes capables à la fois
d'un angle de vue beaucoup plus large et d'une
focalisation en profondeur sur les problèmes et
des progrès nouveaux transgressant les frontières
historiques des disciplines[1].*

LICHNEROWICZ

Quand on parle de la crise de l'éducation, viennent d'abord à l'esprit les aspects frappants dans tous les sens du terme de la violence à l'école. Puis on pense à la "lutte de classe" (c'est-à-dire au sein de la classe d'école), entre la bio-classe adolescente et la classe enseignante adulte : chahuts, dissipations, bavardages, désobéissances, affronts, insultes, punitions, mises en consigne, exclusion de la classe, humiliation ou culpabilisation. Au sein de l'université, perturbation ou désertion des cours, recours à Google ou Wikipédia.

Quand la vision est unilatérale on voit soit la souffrance des enseignants, soit celle des élèves. Si on a l'esprit un peu complexe, on voit les unes et les autres. Le pire, pour les uns et les autres, est l'humiliation.

Le requis, chez les uns et les autres, est la compréhension.

Il faut d'abord comprendre que, depuis les années 1960, s'est produite la formation d'une bio-classe adolescente avec sa culture, ses mœurs (rock, vêtements, langage), son autonomie affichée et revendiquée. En 1968, elle s'est mise en révolte contre la classe adulte, a cassé l'enseignement qui s'est ensuite plus ou moins bien rafistolé. Mais la machine enseignante se tétanise désormais à la moindre grève étudiante. Or les enseignants ne connaissent cette culture juvénile qu'en surface, comme les élèves ignorent les problèmes profonds qui affectent le monde enseignant du secondaire (dégradation du

1. André Lichnerowicz, "Mathématique, Structuralisme et Transdisciplinarité", dans *Vorträge. Natur, Ingenieur und Wirtschaftswissenschaften*, Westdeutscher Verlag, 1970.

prestige, fonctionnarisation, intervention des parents en faveur de leurs enfants mal notés ou punis, souffrance des chahuts et agressions, d'où fermeture sur la discipline, seule et unique souveraineté).

Nous, adultes, et dans mon cas ancien, qui avons été formés dans un monde où, comme dit Michel Serres, il y avait des campagnes, des vaches, des poulaillers, des cochons, des stylos, des machines à écrire, des poêles à charbon[1], sommes déconcertés par une jeunesse qui n'a vu de vaches qu'au cinéma, ne connaît des poissons que des rectangles surgelés, mais en revanche utilise avec brio l'ordinateur. Avant Internet, les médias, notamment la télévision, étaient des écoles sauvages concurrençant l'école publique ; aujourd'hui Internet est l'encyclopédie où tous les savoirs sont à la disposition du jeune internaute qui peut opposer son savoir googleisé au savoir de son professeur.

Comment transformer lutte de classe en collaboration de classe ? On s'interroge sur les méthodes pédagogiques, on cherche le recours de la psychosociologie voire de la psychopathologie sociale, on cherche des remèdes dans la compréhension par les enseignants de ce qui cause l'agressivité ou l'inintérêt. Certains pensent de plus qu'une coopération interdisciplinaire entre enseignants permettrait de mieux traiter de réalités séparées dans les disciplines.

Ici il faut voir que la crise de l'enseignement est inséparable d'une crise de la culture. Au cours du XIXᵉ siècle a commencé une dissociation devenue aujourd'hui disjonction entre deux composantes de la culture, la scientifique et celle des humanités. La culture scientifique produit des connaissances qui ne vont plus au moulin de la culture des humanités, laquelle n'a que de vagues connaissances médiatiques des apports capitaux des sciences à la connaissance de notre univers physique et vivant. Mais la culture scientifique connaît des objets, ignore le sujet connaissant, et manque de réflexivité sur le devenir incontrôlé des sciences. La parcellarisation des connaissances en disciplines et sous-disciplines aggrave l'inculture généralisée. D'où la nécessité d'établir des communications et des liens entre les deux branches séparées de la culture.

1. Michel Serres, *Petite Poucette*, Le Pommier, 2012.

Malheureusement, une forte pression s'exerce sur l'enseignement secondaire et supérieur pour l'adapter aux besoins techno-économiques de l'époque et rétrécir la part des humanités. La vulgate techno-économique dominante considère que les humanités sont sans intérêt ou pur luxe, et elle pousse à réduire les cours d'histoire, ceux de littérature, et à éliminer comme bavardage la philosophie. L'impérialisme des connaissances calculatrices et quantitatives progresse au détriment des connaissances réflexives et qualitatives. Il y a non seulement manque de communication entre culture scientifique et culture des humanités, il y a non seulement mépris mutuel de l'une à l'autre, il y a péril pour la culture.

L'université subit plus gravement la pression de cette vulgate techno-économique qui demande rentabilité selon les critères du business. L'autonomisation des universités par rapport à l'État les a désautonomisées par rapport à l'argent, et le modèle de l'entreprise tend à s'imposer à elles, alors que, comme nous l'indiquons dans notre discours de Bologne pour fêter le millénaire de la première université européenne[1], l'université ne doit pas seulement s'adapter au présent, elle doit aussi adapter le présent à sa mission trans-séculaire.

Les étudiants, eux, menacés en cours d'études par le sida sont menacés en fin d'études par le chômage.

Par ailleurs la laïcité, vertu cardinale de l'enseignement et de la République, est en crise.

Les polémiques sur le foulard islamique et les signes religieux à l'école montrent que les partisans de la laïcité sont divisés, les uns prônant une utile tolérance pour l'intégration des jeunes filles à foulard dans l'enseignement laïque, les autres prônant l'intransigeance. En fait une question plus profonde se pose sur la nature de la laïcité. La laïcité modèle 1900 est maintenant épuisée. L'instituteur du début du XXe siècle était porteur des Lumières, son rôle éducateur et civilisateur était lié à l'avènement de la IIIe République,

1. Edgar Morin, "Sciences, éthique et citoyenneté", discours prononcé pour le millième anniversaire de l'université de Bologne, le 28 mai 2008.

son combat contre le monopole religieux était celui de la pensée moderne. La foi de l'instituteur était la foi en une Trinité laïque : Raison-Science-Progrès, où le développement de chacun de ces termes provoquait le développement des deux autres. Aujourd'hui la Religion est en repli, la Science révèle de profondes ambivalences, la Raison doit se méfier de la rationalisation, le Progrès n'est pas garanti.

De plus l'enseignement public dans son ensemble se trouve pris à contrepied par les médias et il ne sait souvent comment réagir, sinon par le mépris, à la fascination que suscitent les écrans chez les enfants et, plus largement, à la "culture de masse" qui imprègne non seulement enfants et adolescents, mais la société dans son ensemble. De plus et surtout, Internet vient désormais apporter un gigantesque pêle-mêle culturel de savoirs, rumeurs, croyances, en tous genres, sorte d'école sauvage contournant l'école officielle, où viennent s'informer et se former les nouvelles générations.

L'enseignement public est concurrencé, encerclé, asphyxié, assiégé par les médias, la télévision, et de plus en plus par Internet. Les enfants et adolescents apprennent à vivre au départ par leur famille ou par la rue, puis par les médias, la télévision et surtout le gigantesque encyclopédoir en expansion qu'est Internet.

Tout ce qu'a d'humaniste notre enseignement subit deux formidables pressions, l'une qui veut le coloniser à l'intérieur, celle de l'économie dite libérale et du technocratisme dominants, l'autre qui le corrode et l'amoindrit de l'extérieur, celle des médias et d'Internet.

Tous les éléments de la polycrise aux multiples visages, si différents soient-ils, sont pourtant d'une certaine façon solidaires. On peut envisager la polycrise séparément à partir de ses différents composants, à condition toutefois de devenir de plus en plus conscient de la solidarité de ces divers composants de la crise, si apparemment extérieurs les uns aux autres.

Si la conscience est très répandue que l'éducation est malade, il est rare qu'on envisage toutes les diverses maladies qui se nouent en une seule grande maladie. Ceux qui considèrent selon leur discipline séparée la crise de l'enseignement ne peuvent concevoir qu'une des composantes de cette crise vienne de la séparation des disciplines. Ce n'est que rarement, comme dans l'association "École changer de cap[1]", que l'on trouve le souci de considérer les différents éléments dans leur ensemble. Et le plus souvent, ce qui est le plus ignoré, et des enseignants, et des enseignés, et des familles, et des médias, et de l'opinion publique, ce sont les trous noirs dans les programmes qui carencent gravement la formation des futurs adultes, et c'est la nature des savoirs fondamentaux à introduire pour qu'ils constituent une aide au "savoir-vivre" au sens plein du terme.

Nous ne devons, ne pouvons isoler cette crise de l'éducation d'une crise de civilisation dont elle est une composante : dégradation des solidarités traditionnelles (grande famille, voisinage, travail), perte ou dégradation du surmoi d'appartenance à une nation, absence d'un surmoi d'appartenance à l'humanité, individualisme dont l'autonomie relative est moins responsable qu'égocentrique, généralisation des comportements incivils à commencer par l'absence de salut et de courtoisie, compartimentation des bureaux, des services, des tâches dans une même administration ou entreprise, absence généralisée de reliances, démoralisation ou angoisses du présent et de l'avenir.

Il est donc nécessaire d'introduire la crise de l'éducation dans un contexte crisique plus vaste, qui comporte non seulement la considération de la culture juvénile et de la situation actuelle de la jeunesse, mais l'ensemble des problèmes de société et de civilisation dans lesquels sont immergés les problèmes de l'éducation.

Nous vivons une crise de civilisation, une crise de société, une crise de démocratie où s'est introduite une crise économique dont les effets aggravent

1. www.ecolechangerdecap.net

les crises de civilisation, de société, de démocratie. La crise de l'éducation dépend des autres crises qui elles-mêmes dépendent aussi de la crise de l'éducation.

Les unes et les autres dépendent d'une crise de la connaissance qui dépend des unes et des autres.

Ces crises s'inscrivent dans une nébuleuse spirale de crises dont l'ensemble forme la crise de l'humanité, livrée aux cours déchaînés des sciences, des techniques, de l'économie dans un monde dominé par une finance ivre de profits et par des conflits gangrenés par les fanatismes meurtriers.

Ces crises à la fois révèlent et obscurcissent le problème de chacun et de tous : comment vivre sa vie, comment vivre ensemble[1], car elles font progresser erreurs, illusions, incertitudes, incompréhensions. Comme les illusions, les incertitudes, les incompréhensions progressent, on devrait penser à l'urgence de créer un enseignement propre à les affronter. Or on ne s'interroge guère encore sur les énormes lacunes qui s'élargissent et s'approfondissent en trous noirs concernant la mission même de l'éducation, du secondaire à l'université qui est essentiellement : enseigner à vivre.

Nous avons été appelés à employer de plus en plus souvent le mot crise devenu trivial. *Krisis*, terme de la médecine hippocratique, désignait le moment où une maladie révélait de façon certaine ses symptômes propres, ce qui permettait le juste diagnostic et le remède approprié. Le mot crise a dérivé dans notre langage contemporain dans tous les domaines y compris sociaux et politiques et a pris un sens d'incertitude rendant difficile le diagnostic.

Le mot crise renvoie toujours à un système et à son organisation. C'est dans le sens le plus large un accident du système, d'origine interne ou externe, qui perturbe sa stabilité son fonctionnement voire son existence. Tout système, vivant ou social, comporte des régulations qui maintiennent sa stabilité.

1. Edgar Morin, *Pour une politique de civilisation*, Arlea, 2002 et Edgar Morin, *La Voie. Pour l'avenir de l'humanité*, Fayard, 2011.

Ces régulations obéissent à des processus de rétroaction négative (*feed-back* négatif) qui inhibent les déviances assurant ainsi une relative autonomie du système. C'est l'exemple du système de chauffage qui, constitué par une chaudière et un thermostat, maintient l'autonomie thermique d'une pièce. Si des déviances se développent (*feed-back* positif), elles tendent à perturber de plus en plus gravement la stabilité, l'organisation et finalement elles désintègrent le système. Cette désintégration est fatale dans les systèmes physiques. Mais dans les systèmes sociaux humains la tendance à la désintégration peut être contrebalancée par le développement de forces innovatrices ou créatrices qui transforment le système en le régénérant. Aussi une crise peut être régressive, amenant le système à se réorganiser sur une base moins complexe que précédemment (par exemple le passage de la démocratie à la dictature) ; elle peut être aussi créatrice et permettre des solutions nouvelles qui font émerger des qualités nouvelles. C'est pourquoi une crise peut produire le meilleur, le pire, ou un simple retour à la stabilité antérieure après divers dégâts.

La crise de l'éducation doit donc être conçue dans sa complexité propre laquelle renvoie à la crise de la complexité sociale et humaine, crise qu'elle traduit, aggrave et à laquelle elle pourrait apporter, si elle pouvait trouver les forces régénératrices, sa contribution spécifique à la régénération sociale et humaine.

Une éducation régénérée ne saurait à elle seule changer la société. Mais elle pourrait former des adultes mieux capables d'affronter leur destin, mieux aptes à épanouir leur vivre, mieux aptes à la connaissance pertinente, mieux aptes à comprendre les complexités humaines, historiques, sociales et planétaires, mieux aptes à reconnaître les erreurs et les illusions dans la connaissance, la décision et l'action, mieux aptes à se comprendre les uns les autres, mieux aptes à affronter les incertitudes, mieux aptes à l'aventure de la vie.

Au cœur de la crise de l'enseignement, il y a la crise de l'éducation. Au cœur de la crise de l'éducation, il y a les défaillances dans l'enseignement à vivre.

Savoir vivre, problème de chacun et de tous, est au cœur du problème et de la crise de l'éducation.

III
COMPRENDRE !

Le problème, c'est de comprendre ce qu'est com-
prendre[1].

HEINZ VON FOERSTER

Qu'est-ce que comprendre ? Il y a deux compréhensions :

1. La compréhension intellectuelle

C'est la compréhension du sens de la parole d'autrui, de ses idées, de sa vision du monde. Cette compréhension est toujours menacée. Tout d'abord par le "bruit" qui parasite la communication entre émetteur et récepteur, crée le malentendu ou le non-entendu et peut ignorer le sous-entendu. Il y a aussi la polysémie d'une notion, qui énoncée dans un sens, est entendue dans un autre ; ainsi le mot culture, véritable caméléon conceptuel, peut signifier a) tout ce qui, n'étant pas naturellement inné, doit être appris et acquis, b) les usages, valeurs, croyances d'une ethnie ou d'une nation, c) la "culture cultivée" de notre civilisation, qu'apportent les humanités, littérature, arts, philosophie.

Il y a le contexte : le "tu viens chéri" d'une amante ardente a un sens tout à fait différent du "tu viens chéri" d'une prostituée.

Il y a l'ignorance des rites et coutumes de l'autre catégorie ou classe sociale, notamment des rites de courtoisie, qui peuvent conduire à offenser inconsciemment ou se dégrader soi-même à l'égard d'autrui.

Il y a souvent l'impossibilité, du sein d'une théorie ou philosophie, de comprendre les idées ou arguments d'une autre philosophie.

Il y a enfin et surtout l'impossibilité de compréhension d'une structure mentale réductrice ou simplificatrice à une structure mentale complexe (alors que l'inverse est possible).

---

1. *Seconde cybernétique et complexité : rencontres avec Heinz von Foerster*, sous la direction de Evelyne Andrewsky et Robert Delorme, coll. "Ingénium", Éditions L'Harmattan, Paris, 2006.

2. La compréhension humaine

L'autre compréhension, la compréhension humaine, comporte une part subjective irréductible. Cette compréhension est à la fois moyen et fin de la communication humaine.

Ici il faut voir la différence entre expliquer et comprendre. Expliquer c'est considérer une personne ou un groupe comme un objet et lui appliquer tous les moyens objectifs de connaissance. L'explication peut parfois suffire à la compréhension intellectuelle ou objective. Elle est toujours insuffisante pour la compréhension humaine.

Celle-ci comporte identification et projection de sujet à sujet. Si je vois un enfant en pleurs, je vais le comprendre non en mesurant le degré de salinité de ses larmes, mais en retrouvant mes détresses enfantines, en l'identifiant à moi et m'identifiant à lui.

La compréhension humaine, toujours intersubjective, nécessite ouverture sur autrui, empathie, sympathie.

Proche ou lointain, elle reconnaît autrui à la fois comme semblable à soi et différent de soi : semblable à soi par son humanité, différent de soi par sa singularité personnelle ou/et culturelle. La reconnaissance de la qualité humaine d'autrui est une précondition indispensable à toute compréhension. Cette qualité est indispensable dans la vie quotidienne où elle se manifeste, au niveau le plus élémentaire, par la courtoisie. Un simple bonjour monsieur bonjour madame avec le voisin, avec l'inconnu rencontré dans une promenade, est justement un signe élémentaire de reconnaissance, que confirme une petite conversation sur le temps. Les parents et éducateurs ont raison d'enseigner la politesse mais ils ont tort de l'imposer comme contrainte sociale. Il faut l'enseigner comme nécessité humaine de reconnaissance d'autrui. Comme nous le verrons, un des deux besoins individuels les plus profonds est d'être reconnu par autrui, l'autre étant la réalisation de ses aspirations.

Or l'incompréhension règne dans les relations entre humains. Elle sévit au cœur des familles, au cœur du travail et de la vie professionnelle, dans les relations entre individus, peuples, religions. Elle est quotidienne, planétaire, omniprésente, elle enfante les malentendus, déclenche les mépris et les haines, suscite les violences et accompagne toujours les guerres.

Partout s'est répandu le cancer de l'incompréhension quotidienne ; avec ses meurtres psychiques ("qu'il crève"), ses réductions d'autrui à l'immonde ("quelle merde", "le porc", "le salaud"). Le monde des intellectuels qui devrait être le plus compréhensif est le plus gangrené, par hypertrophie de l'ego, besoin de consécration, de gloire. Les incompréhensions entre philosophes sont particulièrement étonnantes. Nous sommes toujours en l'ère des incompréhensions mutuelles et généralisées.

Ce ne sont pas seulement nos vies personnelles qui sont détériorées par les incompréhensions, c'est la planète entière qui en souffre. La planète nécessite dans tous les sens des compréhensions mutuelles. L'incompréhension est source de conflits sanglants qui eux-mêmes sont sources d'incompréhensions. L'incompréhension porte en elle des germes de mort.

L'éducation à la compréhension, œuvre éducative majeure, est absente de nos enseignements. Étant donné l'importance de l'éducation à la compréhension, à tous les niveaux éducatifs et à tous les âges, le développement de la compréhension nécessite une réforme des mentalités.

La compréhension mutuelle entre humains, aussi bien proches qu'étrangers, est vitale pour que les relations humaines sortent de leur état barbare.

D'où la nécessité d'étudier l'incompréhension, dans ses racines, ses modalités et ses effets. Une telle étude est d'autant plus nécessaire qu'elle porterait, non sur les symptômes, mais sur les causes des mépris, racismes, xénophobies. Elle constituerait en même temps une des bases les plus sûres de l'éducation pour la paix intérieure de chacun et de la paix générale entre humains.

Les obstacles à la compréhension humaine sont énormes ; ils sont non seulement l'indifférence, mais surtout l'égocentrisme, l'autojustification, la *self déception* ou mensonge à soi-même qui reporte le tort sur autrui, ne voit que les défauts d'autrui, et finalement lui dénie l'humanité.

L'autojustification et la *self déception* ont le plus souvent pris le contrôle de la relation avec autrui. Chacun tend à se donner raison, beaucoup se donnent toujours raison. L'incompréhension produit des cercles vicieux contagieux : l'incompréhension à l'égard d'autrui suscite l'incompréhension d'autrui à son propre égard.

Les obstacles à la compréhension sont aussi trans-subjectifs et sur-subjectifs : le talion, la vengeance sont des structures enracinées de façon indélébile dans l'esprit humain.

La conjonction des deux incompréhensions, l'intellectuelle et l'humaine, constitue un obstacle majeur à nos intelligences et à nos vies. Les idées préconçues, les rationalisations à partir de prémisses arbitraires, l'autojustification frénétique, l'incapacité à s'autocritiquer, le raisonnement paranoïaque, l'arrogance, le déni, le mépris sont les ennemis du vivre-ensemble.

La peur de comprendre fait partie de l'incompréhension. Comprendre : Ce mot fait aussitôt sursauter ceux qui ont peur de comprendre de peur d'excuser. Ceux qui refusent de comprendre condamnent la compréhension parce qu'elle empêcherait la condamnation. Donc il faudrait ne vouloir rien comprendre, comme si la compréhension comportait un vice horrible, celui de conduire à la faiblesse, à l'abdication. Cet argument obscurantiste règne encore dans notre intelligentsia par ailleurs raffinée.

Quand nous sommes au cinéma, la situation semi-hypnotique qui nous aliène relativement en nous projetant psychiquement sur les personnages du film est en même temps une situation qui nous éveille à la compréhension d'autrui. Dans les films noirs, dits de gangsters, il y a un message philosophique qui passe inaperçu. Nous y voyons, en effet, des êtres vivant dans le crime, la drogue, et qui peuvent s'aimer, avoir des amitiés ; nous découvrons dans ces êtres monstrueux leur humanité. Nous sommes capables de comprendre et d'aimer le vagabond Charlot, que nous dédaignons quand nous le croisons dans la rue. Nous comprenons que le parrain du film de Coppola n'est pas seulement un chef de Maffia, mais un père, animé de sentiments affectueux pour les siens. Nous ressentons de la compassion pour les emprisonnés alors que hors salle nous ne voyons en eux que des criminels justement punis. C'est le message du cinéma que l'on oublie toujours. Lorsque nous allons au cinéma, nous participons à l'humanité, mais bientôt nous oublions ; nous aimons un vagabond, un clodo, un Chaplin-Charlot, mais à la sortie du film nous nous détournons et trouvons qu'ils sentent mauvais. Cependant, le message est passé le temps d'un film.

C'est le message de la compréhension anthropologique qui porte en elle la conscience de la complexité humaine. Elle consiste à comprendre que les êtres humains sont des êtres instables chez lesquels il y a la possibilité du meilleur et du pire (certains peuvent avoir de meilleures possibilités que d'autres), qu'ils ont de multiples personnalités potentielles et que tout dépend des événements, des accidents qui les affectent. Hegel a dit à peu près ceci qui est fondamental pour la compréhension d'autrui : "Si vous appelez criminel quelqu'un qui a commis un crime, par là vous effacez tous les autres aspects de sa personnalité ou de sa vie qui ne sont pas criminels[1]."

Or le principe de réduction est inhumain quand il s'applique à l'humain. Il empêche de comprendre que nul criminel n'est intégralement criminel, et qu'il a lui aussi sa multiple personnalité. Il demande que celui qui a commis un crime soit criminel en permanence, criminel par essence, monstrueux intégralement.

[1]. "Ce qu'est la pensée abstraite : ne voir dans le meurtrier que cette abstraction d'être un meurtrier, et, à l'aide de cette qualité simple, anéantir tout autre caractère humain", Georg Wilhelm Friedrich Hegel, *Qui pense abstrait ?* [1807], trad. par Marie-Thérèse Bernon, *Revue d'enseignement de la philosophie*, 22ᵉ année, n° 4, avril-mai 1972, en ligne sur paris4philo.over-blog.org/article-13518103.html. L'abstraction pour Hegel est ce qui abs-trait (extrait) hors de son contexte. C'est un des plus grands vices de pensée.

Les situations sont déterminantes : des virtualités odieuses ou criminelles peuvent s'actualiser dans des circonstances de guerre (que l'on retrouve au microscope dans les guerres conjugales[1]). J'ai constaté dans ma vie d'innombrables dérives : des pacifistes intégraux au départ par horreur de la guerre sont devenus à partir de 1941 des collaborateurs à la guerre nazie ; des militants devenus communistes par générosité se sont transformés en inquisiteurs et, dans les pays de l'Est, bourreaux. Les actes meurtriers dits terroristes sont dus à des groupes comme hallucinés dans leur vase clos qui vivent illusoirement une guerre totale en tant de paix. Mais dès que ce vase se brise, beaucoup redeviennent pacifiques.

---

1. Irène Pennachionni, *De la guerre conjugale*, Mazarine, 1986.

3. Les commandements de la compréhension

La compréhension intellectuelle nécessite d'appréhender ensemble le texte et le contexte, l'être et son environnement, le local et le global. La compréhension humaine nécessite cette compréhension mais aussi et surtout de comprendre ce que vit autrui.

La compréhension nous demande d'éviter la condamnation péremptoire, irrémédiable, comme si l'on n'avait jamais soi-même connu la défaillance ni commis des erreurs.

La compréhension nous demande d'abord de comprendre l'incompréhension.

Pour dépasser les incompréhensions, il faut passer à une métastructure de pensée complexe qui comprenne les causes de l'incompréhension des uns à l'égard des autres.

La compréhension rejette le rejet, exclut l'exclusion. Enfermer dans la notion de traître, menteur, salaud ce qui relève d'une intelligibilité complexe empêche de reconnaître l'erreur, le fourvoiement, le délire idéologique, les dérives.

Elle nous demande de nous comprendre nous-mêmes, de reconnaître nos insuffisances, nos carences, de remplacer la conscience suffisante par la conscience de notre insuffisance.

Elle nous demande, dans le conflit d'idées, d'argumenter, de réfuter, au lieu d'excommunier et d'anathématiser.

Elle nous demande de surmonter haine et mépris.

Elle nous demande de résister au talion, à la vengeance, à la punition, qui sont inscrits si profondément en nos esprits.

Elle nous demande de résister à la barbarie intérieure et à la barbarie extérieure, notamment pendant les périodes d'hystérie collective.

Introduire la compréhension en profondeur dans nos esprits serait les civiliser en profondeur. Toutes les tentatives d'amélioration dans les rapports humains ont échoué, sauf en des communautés éphémères, des moments de fraternisation, parce qu'il n'y a pas eu enracinement des facultés humaines de compréhension.

Toutes les potentialités de compréhension se trouvent en chacun, mais elles se trouvent sous-développées.

Comprendre c'est comprendre les motivations, situer dans le contexte et le complexe. Comprendre ce n'est pas tout expliquer. La connaissance complexe reconnaît toujours un résidu inexplicable. Comprendre ce n'est pas tout comprendre, c'est aussi reconnaître qu'il y a de l'incompréhensible.

La compréhension nous mène enfin à l'aptitude au pardon et la magnanimité. Quand Nelson Mandela a pardonné de façon sublime, mais sans les oublier, des crimes ignobles commis pendant des dizaines d'années sur des Noirs, cet acte de magnanimité permettra peut-être à ce pays de connaître à l'avenir une vie métissée.

Tout cela nécessite une éducation éthique, anthropologique, et épistémologique, ce qui nécessite la réforme de l'éducation portant sur la connaissance, ses difficultés, ses risques d'erreur et d'illusion : d'où nos propositions fondatrices sur l'introduction de la connaissance de la connaissance, la connaissance de l'humain, l'éducation à la compréhension.

Il faudrait pouvoir enseigner la compréhension dès l'école primaire et poursuivre *via* le secondaire jusqu'à l'université. C'est dans ce sens que j'ai proposé dans *Les Sept Savoirs nécessaires à l'éducation du futur*, que dans toute université une chaire soit consacrée à la compréhension humaine. Elle intégrerait en elle l'apport des diverses sciences humaines, elle tirerait les leçons de compréhension humaine de la littérature, de la poésie, du cinéma. Elle développerait en chacun la conscience des *imprintings* (marques culturelles indélébiles subies dans l'enfance et l'adolescence), car seule cette conscience permet d'essayer de s'en affranchir. Elle engendrerait la conscience des dérives qui permettrait à chacun et à tous de résister au courant et d'y échapper. Elle apporterait la conscience des paradigmes qui permettrait de se hisser à un méta-point-de-vue. Elle montrerait que cette conscience nécessite autoexamen et autocritique, elle apporterait donc la conscience de la nécessité à la fois mentale et morale de l'autocritique, et favoriserait l'éthique en chacun et en tous.

4. La compréhension au sein de l'école

Nous avons besoin de comprendre la crise globale de l'éducation en reconnaissant les éléments particuliers de cette crise, de comprendre la relation entre les parties et le tout, le tout et les parties notamment le fait que selon le principe hologrammatique, non seulement une partie est dans le tout, mais le tout se trouve d'une certaine façon présent à l'intérieur des parties. Dans les violences scolaires, il y a, sous cette forme particulière, la crise globale de l'enseignement et dans la crise de l'enseignement il y a sous cette forme particulière, la crise globale de la civilisation. Nous n'avons pas seulement besoin de comprendre, nous devons aussi promouvoir, comme un des remèdes aux maux de l'éducation, tout d'abord une éthique de la compréhension, aussi bien chez les enseignants que les enseignés, bien que de façon différente. (Élisabeth Maheu, *Formation des enseignants à la compréhension de l'élève et à l'animation du groupe*. Colloque Unesco[1].)

Aussi les enseignants devraient-ils effectuer et enseigner une éthique du dialogue, dialogue entre élèves qui se querellent, dialogue entre enseignants et enseignés.

Daniel Favre, dont l'œuvre pédagogique est remarquable, a étudié les conditions biologiques et sociales de l'agressivité et propose très justement de "transformer la violence des élèves en conflit[2]", conflit de paroles et d'idée, qui, lui, permet le dialogue et devient par là même un apprentissage de la démocratie, laquelle a besoin de conflits d'idées pour ne pas dépérir, à condition

1. Élisabeth Maheu, *Formation des enseignants à la compréhension de l'élève et à l'animation du groupe*, intervention lors du colloque "Éducation et humanisation. L'école à l'ère de la globalisation" organisé par École changer de cap le 2 octobre 2013 à l'Unesco. En ligne sur www.ecolechangerdecap.net, *op. cit.*
2. Daniel Favre, *Transformer la violence des élèves. Cerveau, motivations et apprentissage*, Dunod, 2007.

que ces conflits ignorent la force physique. Très important serait de trouver des méthodes de prévention de la violence[1].

Ici est requise une vertu spécifique à l'enseignant, vertu que les violences et turbulences affaiblissent : la bienveillance. La bienveillance est cette vertu que Confucius demandait à tous ceux qui disposent d'autorité. Du reste la bienveillance est menacée quand l'autorité de l'enseignant est ébranlée. La véritable autorité de l'enseignant est morale, elle tient dans la force d'une présence, elle a un je-ne-sais-quoi de charismatique, elle s'impose sans rien imposer quand ses propos suscitent l'attention et l'intérêt. Ajoutons que la conscience de la complexité humaine nous invite à ne pas nous fixer sur les traits négatifs d'un individu, mais à voir tous ses aspects, ce qui tend à éliminer la malveillance. Sans doute il serait bon d'aller au-delà de la bienveillance et faire l'éloge de la bonté[2]. Bienveillance, bonté, cousinent de plus avec Éros, vertu suprême de l'enseignant. Toute l'œuvre pédagogique d'André de Peretti, ce maître en bienveillance, va dans le sens de la plus grande compréhension[3].

Il faut savoir éveiller l'intérêt, ce qui peut être fait dans toutes les matières existantes, (et l'intérêt sera d'autant plus fort que les matières que nous proposons d'introduire dans l'enseignement sont propres à susciter l'intérêt). Claire Héber-Suffrin[4] parle très pertinemment de cette question et Brigitte Prot[5] indique des voies pour "accompagner le désir d'apprendre". Divers auteurs proposent des pratiques innovantes pour créer de l'intérêt. Beaucoup d'enseignants insistent sur la nécessité de *donner toute sa place à "l'éducation psycho-sociale[6]"*.

---

1. Voir les travaux d'Éric Debarbieux, directeur de l'Observatoire international de la violence à l'école depuis 2004 et ceux d'Élisabeth Maheu, qui prône la mise en œuvre des pratiques de non-violence à l'école.
2. Jacques Lecomte, *La bonté humaine. Altruisme, empathie, générosité*, Odile Jacob, 2012.
3. André de Peretti, *Le Sens du sens*, Hermes-Lavoisier, 2011.
4. Claire et Marc Héber-Suffrin, *Savoirs et Réseaux. Se relier, apprendre, essayer*, Ovadia, 2009.
5. Brigitte Prot, *J'suis pas motivé, je fais pas exprès. Les clés de la motivation scolaire*, Albin Michel, 2003.
6. Maridjo Graner au colloque de l'Unesco "École changer de cap" en ligne sur www.ecolechangerdecap.net/spip.php?rubrique64.

Pour éviter les rivalités entre élèves, plusieurs auteurs prônent émulation et coopération (Jacques Lecomte).

Par ailleurs la prévention de l'échec et du décrochage constitue un des enjeux majeurs de cette réflexion.

Pour considérer ces différents problèmes dans leur ensemble, une récente circulaire de la DGESCO (ministère de l'Éducation nationale) avance la notion englobante de "climat scolaire" en proposant des stratégies "pédagogiques et éducatives" et en demandant d'assurer le lien école-famille, école-partenaires.

Ainsi, à travers l'expérience d'enseignants alertes et en alerte, celle de maîtres en sciences de l'éducation dont beaucoup sont conscients des problèmes de la complexité et de la complexité des problèmes de l'enseignement, commencent à se constituer les composants d'un puzzle dont il faudra (et j'espère que la collection qu'inaugure ce livre y contribuera) articuler les pièces pour lui donner son visage réformateur d'ensemble.

5. La compréhension enseignants-enseignés

Examinons donc plus avant les deux classes de la classe, la juvénile des enseignés et l'adulte des enseignants.

Il y a toujours virtualité conflictuelle entre ceux qui détiennent l'autorité et disposent de sanctions et ceux qui la subissent. À quoi s'ajoutent les virtualités conflictuelles entre deux classes d'âge, de mœurs, de cultures différentes qui se retrouvent dans la même classe. D'où la possibilité de formation et développement d'une lutte de classe spécifique entre les uns et les autres.

6. La jeunesse enseignée

J'ai connu de mon temps, avant guerre, une petite lutte de classe sourde au lycée entre une partie des élèves et l'autorité enseignante. Cela se manifestait par diverses tricheries comme copier sur son voisin, copier sur antisèches lors des compositions, se faire souffler les réponses lors des interrogations, bavarder entre voisins, et par diverses turbulences selon les professeurs dont certains pouvaient devenir tête de Turc. Cela se manifestait aussi chez des rétifs par dissipations, distractions, paresse, mauvais résultats ; en ce qui me concernait, à partir de la quatrième, je lisais, pendant les cours qui ne m'intéressaient pas, des romans sous mon pupitre, sur mes genoux, ce qui a contribué à me faire connaître Balzac et Zola. Nous avions notre argot, nous donnions des pseudonymes moqueurs aux enseignants et surveillants. Nous ressentions une solidarité du Nous par rapport à Eux quand nous nous refusions à cafter.

Tout cela s'est considérablement aggravé.

L'adolescence a atteint une autonomie de bio-classe sociale et elle a acquis une culture par télévision puis Internet inconnue à mon époque.

Il y a surtout, chez des jeunes issus de familles émigrées, y compris dans la deuxième et troisième génération, des difficultés d'acculturation, non pas à la culture juvénile mais à la société française où ils souffrent de rejets ou mépris.

Ce qui était de mon temps facteur d'intégration est devenu facteur de désintégration comme l'histoire de France. Je dois dire que le processus m'était d'autant plus facilité que mes parents étaient dès leur enfance francophones, issus non d'une nation mais d'une cité en majorité séfarade de l'Empire ottoman, Salonique, que j'étais dépourvu de toute culture nationale ou religieuse antérieure, et que j'intégrais en moi comme mienne une histoire épique prodigieuse de gloire et humiliations, morts et résurrections, de Vercingétorix à la guerre de 1914. En revanche les jeunes Maghrébins ou Africains se savent et se ressentent colonisés par cette histoire, les Martiniquais et Africains savent l'esclavage subi pendant des siècles par leurs ancêtres noirs, et ne peuvent s'identifier à l'histoire d'une France blancheur de lys. Ils pourraient par contre s'identifier à une histoire intellectuelle marquée par Montaigne, Montesquieu, Voltaire, Diderot, Rousseau et à une histoire politique et sociale marquée par les idées universalistes de la Révolution française. Ils pourraient s'identifier à un enseignement qui présenterait l'histoire de France comme la formation d'une nation une et multiculturelle au cours d'un millénaire par intégration d'ethnies très différentes les unes des autres comme Bretons, Flamands, Alsaciens, Bourguignons, Savoyards, Corses, Niçois, Provençaux, Catalans, Basques. Cet enseignement leur montrerait comment la France se continue dans sa multiculturalité à partir du début du XXᵉ siècle par intégration d'Espagnols, Italiens, Portugais, Polonais, séfarades de l'ex-Empire ottoman, ashkénazes de l'ex-Empire russe, puis Asiatiques, Chinois et Vietnamiens, Maghrébins, Africains. Certes l'intégration a été difficile déjà pour les premiers émigrants. Les Italiens étaient traités de sales macaronis à Marseille à leur arrivée. Il a fallu deux générations pour accomplir une intégration qui trouve son aboutissement heureux dans un mariage mixte. Les difficultés ont été plus grandes avec les Africains qui à la vue de leur peau se voient refuser un logement, aux jeunes d'ascendance algérienne qui ont reçu le souvenir d'une guerre cruelle, souffrent de discrimination au faciès dans les contrôles de police, avec les Arabo-musulmans en général qui ressentent avec indignation la colonisation subie par les Palestiniens, et sur qui retombent les aggravations de ce qu'on appelle islamophobie. Mais, plus difficilement, plus lentement, avec de nombreuses ratées, l'intégration continue, sa possibilité étant symbolisée par l'ascension sociale de vedettes du show-business, du cinéma, de responsables administratifs et politiques. Mais n'oublions pas que l'intégration des provinciaux dans le passé fut très cruelle avec la guerre des Albigeois, avec les dragonnades subies par les Bretons au XVIIᵉ siècle, et n'oublions pas que celle des Corses ne peut s'achever qu'avec une reconnaissance d'autonomie.

Dès lors l'enseignement de l'histoire, actuellement désintégrateur pour les élèves issus d'autres ascendances, peut se révéler intégrateur s'il devient

l'enseignement de l'histoire de formation d'une France une et multiculturelle[1].
Ici encore nous sommes renvoyés à la repensée des programmes.

Les difficultés de l'intégration peuvent susciter non seulement un sentiment d'étrangéité malgré une carte d'identité française, mais aussi et surtout échecs scolaires, mal-être, souffrances, et entraîner quelques-uns à la
recherche d'une identité autre, arabo-islamique, qui peut à l'extrême conduire
au jihad dans un pays d'Orient et même en France. Comment échapper à la
circularité infernale du rejet qui fait rejeter par le rejeté celui qui le rejette, ce
qui aggrave le rejet du rejetant lequel aggrave le rejet du rejeté ?

Les échecs, les décrochages, les violences ne sont pas seulement le fait
des descendants d'émigrés ou des jeunes de bandes, et peuvent être inter-
ethniques, ils peuvent aussi venir d'enfants de familles en difficultés sociales
ou difficultés internes (scènes de ménage, alcoolisme, coups, séparation) et
peuvent aussi se retrouver partout, chez toutes les catégories d'élèves, quand
il y a une défaillance d'autorité, une injustice commise ou une turbulence
devenue cyclonique. On en arrive parfois à la terreur, celle que font subir les
violents parfois armés, celle qu'apportent l'exclusion et la pénalisation.

Une autre terreur s'est créée et propagée entre élèves, non seulement
dans les brimades des uns sur d'autres, devenus boucs émissaires, mais
aussi dans les rackets à la sortie de l'école. 7 à 10 % des élèves sont, selon
Debarbieux, victimes d'autres élèves.

Quand la lutte de classe se radicalise, il y a triple humiliation : chez l'élève
qui humilie l'enseignant, chez l'enseignant qui humilie l'élève, chez l'élève qui
humilie l'élève ; triple souffrance, triple incompréhension.

Comment traiter ce mal et ces maux ?

1. Edgar Morin et Patrick Singaïny, *La France une et multiculturelle. Lettres aux citoyens de France*,
Fayard, 2012.

7. La classe enseignante

Pour enseigner, disait Platon, il faut de l'Éros, c'est-à-dire de l'amour. C'est la passion de l'enseignant pour son message, pour sa mission, pour ses élèves qui assure une influence possiblement salvatrice, ouvrir une vocation de mathématicien, de scientifique, de littéraire. Il y a eu, il y a toujours des professeurs hommes et femmes possédés par l'Éros pédagogique. J'en ai connu au lycée avec mon professeur d'histoire, M. Hugonin, à l'université avec Georges Lefèvre, historien de la Révolution, Gaston Bachelard, Vladimir Jankélévitch, tous inspirés par le bien nommé feu sacré.

Ce fut la passion des instituteurs de campagne dans la première moitié du XXe siècle, prêtres de la laïcité convaincus de porter les Lumières face à l'obscurantisme du curé. Ce fut la passion de bien des enseignants du secondaire, conscients et heureux de leur rôle culturel irremplaçable. Cela demeure encore une passion chez bien des enseignants. Mais le corps enseignant du secondaire subit une grande démoralisation dans la dégradation de son prestige et de son statut, face aux familles contrôleuses, face à la culture médiatique et internautique qui s'est répandue dans la classe juvénile, face à la lutte de classe que mène une partie de la jeunesse enseignée.

La démoralisation conduit à la fermeture, à la résignation, à la fonctionnarisation, à la désérotisation.

À l'université les enseignants se referment dans le mandarinat, certains sont défiés par les étudiants googleisés, et prennent un Lexomil avant d'entrer dans l'amphithéâtre. Ils se sentent de plus en plus menacés et incompris, y compris par les réformettes qu'essaient de leur imposer les ministres de l'Éducation qui se succèdent.

En fait, plus gravement encore, un second front s'est ouvert contre eux ; je l'ai déjà indiqué, la vulgate techno-économique dominante chez les politiques et les entrepreneurs tend à imposer ses critères d'efficacité, de rentabilité et de compétitivité au système enseignant du secondaire et de l'université. Déjà l'évaluation par notes peut être arbitraire en littérature ou philosophie, mais au lieu d'être remplacée par une motivation évaluatrice, elle tend à s'insérer dans un gigantesque système d'évaluations quantitatives qui se généralise dans toute la société où les évaluateurs sont eux-mêmes évalués par de superévaluateurs qui n'ont jamais su s'autoévaluer ni mettre en doute leurs évaluations.

Le calcul (statistiques, sondages, croissance, PIB) envahit tout. Le quantitatif chasse le qualitatif. L'humanisme est en régression sous la poussée techno-économique.

Alors que faire ?

Il s'agit évidemment de résister à la pression de la pensée éconocratique et technocratique en se faisant défenseur et promoteur de la culture, laquelle exige le dépassement de la disjonction entre sciences et humanités.

Il s'agit de maintenir ou retrouver une mission irremplaçable, celle de la présence concrète, de la relation de personne à personne, du dialogue avec l'élève pour la transmission d'un "feu sacré" et l'élucidation mutuelle des malentendus.

Mission personnelle qui permet la reconnaissance de la qualité humaine de l'élève, lui manifeste bienveillance et attention, et non le rejet dans la catégorie des crétins et des débiles.

Mission personnelle qui, enseignant la compréhension, fait comprendre la nécessité immédiate de la compréhension dans la classe, y manifeste sa compréhension et devrait recevoir de la compréhension en retour.

Mission personnelle qui prend conscience que le pire mal est l'humiliation d'autrui et donne cette conscience à l'élève, car le pire dans les relations humaines est l'humiliation réciproque.

La voie : échapper au cercle vicieux des humiliations pour trouver le cercle vertueux des reconnaissances réciproques.

IV
CONNAÎTRE !

Le propre de l'erreur est qu'elle ne se connaît pas comme telle.

DESCARTES

1. Les cécités de la connaissance : l'erreur et l'illusion

Il est stupéfiant que l'éducation qui vise à communiquer les connaissances soit aveugle sur ce qu'est la connaissance humaine, ses dispositifs, ses infirmités, ses difficultés, ses propensions à l'erreur comme à l'illusion, et ne se préoccupe nullement de faire connaître ce qu'est connaître.

En effet, la connaissance ne peut être considérée comme un outil *ready-made*, que l'on peut utiliser sans examiner sa nature. Aussi la connaissance de la connaissance doit-elle apparaître comme une nécessité première qui servirait de préparation à l'affrontement des risques permanents d'erreur et d'illusion, qui ne cessent de parasiter l'esprit humain. Il s'agit d'armer chaque esprit dans le combat vital pour la lucidité.

Il est nécessaire d'introduire et de développer dans l'enseignement l'étude des caractères cérébraux, mentaux, culturels des connaissances humaines, de ses processus et de ses modalités, des dispositions tant psychiques que culturelles qui lui font risquer l'erreur ou l'illusion.

2. La connaissance pertinente

De plus, il y a un problème capital, toujours méconnu, qui est celui de la nécessité de promouvoir une connaissance capable de saisir les problèmes globaux et fondamentaux pour y inscrire les connaissances partielles et locales.

La suprématie d'une connaissance fragmentée selon les disciplines rend souvent incapable d'opérer le lien entre les parties et les totalités et doit faire place à un mode de connaissance capable de saisir ses objets dans leurs contextes, leurs complexes, leurs ensembles.

Il est nécessaire de développer l'aptitude naturelle de l'esprit humain à situer toutes ses informations dans un contexte et un ensemble. Il est nécessaire d'enseigner les méthodes qui permettent de saisir les relations mutuelles et influences réciproques entre parties et tout dans un monde complexe.

3. L'erreur de sous-estimer l'erreur

Il y a deux erreurs sur l'erreur, l'une de la surestimer, l'autre de la sous-estimer.

Tout progrès dans l'inconnu, tout processus d'adaptation à l'environnement et d'adaptation de l'environnement à soi commence dès la venue au monde par essais et erreurs et se poursuivra de même non seulement dans l'enfance et l'adolescence, mais toute la vie. Autant l'erreur ignorée est néfaste, autant l'erreur reconnue, analysée et dépassée est positive.

Laurent Degos, dans *Éloge de l'erreur*[1], montre que l'erreur par rapport à un système figé dans ses certitudes ou ses "vérités" est "moteur de la vie, source de découverte et innovations... apporte le mystère de l'inattendu".

> *Tu cherches*
> *L'Inde*
> *Tu trouves*
> *L'Amérique*[2]

Enfin toute création apparaît comme une erreur par rapport au système où elle se produit avant de devenir vérité d'un système transformé.

Du point de vue scolaire, l'erreur est surestimée parce qu'elle est considérée comme une faute, alors que comme le dit très justement Daniel Favre l'erreur est une information. Une information utile pour l'enseignant et ensuite à l'enseigné. André Giordan a consacré un beau rapport sur l'utilisation positive des erreurs *(École changer de cap)*. Tout d'abord afin d'en comprendre les causes et de pouvoir intervenir sur ces causes qui peuvent être très diverses (psychologiques, familiales, sociologiques), de façon à traiter en bonne médecine hippocratique, non tant les symptômes que les causes, alors que la punition ne considère que le symptôme.

---

1. Laurent Degos, *Éloge de l'erreur*, Le Pommier, coll. "Manifestes", 2013.
2. Andrei Voznessenski, *La Poire triangulaire*, Denoël, coll. "Les Lettres nouvelles", 1970. Traduit du russe par Jean-Jacques Marie.

L'erreur peut relever d'une incompréhension des consignes, d'un désintérêt pour le sujet traité ou d'un décalage avec la culture de l'école. Les termes employés en classe ne sont pas tous "transparents" pour les élèves : que veulent dire pour eux les termes "analyser, indiquer, expliquer, interpréter, conclure..." par exemple ? L'erreur peut résulter encore d'un mauvais décryptage des règles du contrat scolaire. Bien des erreurs proviennent de difficultés à décoder les implicites d'une situation.

De même, l'erreur peut témoigner des représentations des élèves, directement liées à leur cadre ou à leur contexte de vie. Elle peut dépendre de leur mode de raisonnement, des inférences qu'ils sont capables de faire, des démarches qu'ils peuvent mobiliser. Certains obstacles sont liés aux façons dont l'élève agit et réfléchit avec les moyens dont il dispose ; ces derniers ne sont pas nécessairement appropriés et conduisent inéluctablement les élèves à faire des erreurs. On pourrait encore citer les erreurs provoquées par la situation scolaire ou par la méthode utilisée. Celle-ci peut être profondément décalée par rapport aux besoins ou au fonctionnement mental de l'enfant, de l'adolescent.

La reconnaissance de l'erreur permet de la dépasser. Aussi faudrait-il considérer l'erreur de l'élève avec attention et bienveillance pour qu'il en comprenne les causes, ce qui signifie, comme l'indique le collectif Changer de cap, "passer d'une pédagogie intimidante à une pédagogie stimulante".

L'erreur est sous-estimée parce qu'on la voit comme parasite extérieur à la faculté cognitive alors qu'elle a ses sources dans la connaissance elle-même ; on la voit comme risque occasionnel alors qu'elle constitue une menace dans toute vie et toute la vie.

Considérons au préalable le problème anthropologique de l'erreur. L'erreur est inséparable de la connaissance humaine, car toute connaissance est une traduction à commencer par celle des sens, et notamment la perception visuelle (de stimuli photoniques sur la rétine en un code binaire d'un message transmis par le nerf optique, message reconstruit et transformé par le cerveau qui en fait une perception). Or toute traduction risque l'erreur, toute reconstruction risque l'erreur, le risque d'erreur est donc inhérent à la connaissance. Il faut savoir aussi que "ceux qui prennent une partie de la vérité pour la vérité sont dans l'erreur". Nous sous-estimons l'erreur quand nous ignorons qu'elle joue un rôle dangereux et parfois mortel dans nos entreprises et dans nos vies.

Il est donc important que soit inscrite en place majeure dans notre éducation et à notre sens, dès le primaire, la connaissance de la connaissance, qui comporte la difficulté de la connaissance pertinente, le risque d'erreur et d'illusion.

Il faut aussi faire connaître les causes des aveuglements :

1. Le caractère inédit d'un problème, l'oubli d'une expérience passée similaire, ou un raisonnement par analogie de caractère erroné.

2. La non-détectabilité du problème à partir des idées reçues tenues pour évidentes ou à partir de son développement lent ou soumis à fluctuations.

3. L'échec dans la solution dû aux limites des connaissances ou des moyens technologiques, ou dû à une intervention trop limitée ou trop tardive.

4. Le comportement en fonction d'intérêts particuliers occultant l'intérêt général (comme l'impératif du profit immédiat).

Tout le cours de l'éducation au secondaire et au supérieur doit comporter cette préparation à la vie qui est un jeu de l'erreur et de la vérité[1].

---

1. Edgar Morin, *Pour entrer dans le XXIe siècle [Pour sortir du XXe siècle, 1981]*, Éditions du Seuil, 2004.

4. La réforme de pensée[1]

Réforme de pensée et transdisciplinarité

Le mode de pensée ou de connaissance parcellaire, compartimenté, mono-disciplinaire, quantificateur nous conduit à une intelligence aveugle, dans la mesure même où l'aptitude humaine normale à relier les connaissances s'y trouve sacrifiée au profit de l'aptitude non moins normale à séparer. Nous devons penser l'enseignement à partir de la considération des effets de plus en plus graves de l'hyperspécialisation des savoirs et de l'incapacité à les articuler les uns aux autres. L'hyperspécialisation empêche de voir le global (qu'elle fragmente en parcelles) ainsi que l'essentiel (qu'elle dissout). Or les problèmes essentiels ne sont jamais parcellaires et les problèmes globaux sont de plus en plus essentiels. Nous perdons l'aptitude à globaliser, c'est-à-dire à introduire les connaissances dans un ensemble plus ou moins organisé. Or les conditions de toute connaissance pertinente sont justement la contextualisation, la globalisation.

Connaître, c'est, dans une boucle ininterrompue, séparer pour analyser, et relier pour synthétiser ou complexifier. La prévalence disciplinaire, séparatrice, nous fait perdre l'aptitude à relier, l'aptitude à contextualiser, c'est-à-dire à situer une information ou un savoir dans son contexte naturel.

Ces conditions se rappellent à nous d'autant plus que s'ouvre une ère planétaire d'intersolidarité. Ajoutons que la disjonction historique entre les deux cultures, la culture des humanités, qui comportait la littérature, la philosophie, mais surtout une possibilité de réflexion et d'assimilation des savoirs, et la nouvelle culture scientifique, fondée sur la spécialisation et la compartimentation, aggrave les difficultés que nous pouvons avoir à réfléchir sur les savoirs et, là encore, à les intégrer. Ainsi vivons-nous sous l'empire de ce

---

1. Texte de la communication faite à Locarno, lors du congrès organisé (30 avril-2 mai 1997) sous l'égide de l'Unesco par le Centre international de recherches et d'études transdisciplinaires (CIRET).

qu'on pourrait appeler un paradigme de disjonction[1]. Or il est évident que la réforme de pensée ne vise pas à nous faire annuler nos capacités analytiques ou séparatrices mais à y adjoindre une pensée qui relie.

Contrairement à ce que l'on croit, les enfants font fonctionner spontanément leurs aptitudes synthétiques et leurs aptitudes analytiques, ils sentent spontanément les liaisons et les solidarités. C'est nous qui produisons des modes de séparation et qui leur apprenons à constituer des entités séparées et closes. Les enfants sont obligés d'apprendre au sein de catégories isolantes : l'histoire, la géographie, la chimie, la physique, sans apprendre en même temps que l'histoire se situe toujours en des espaces géographiques et que chaque paysage géographique est le fruit d'une histoire terrestre, sans apprendre que la chimie et la microphysique ont le même objet, mais à des échelles différentes. Nous apprenons aux enfants à connaître les objets en les isolant, alors qu'il faut aussi les replacer dans leur environnement pour les connaître et qu'un être vivant ne peut être connu que dans sa relation avec son environnement, où il puise de l'énergie et de l'organisation.

Un enfant peut très bien comprendre que quand il mange, il accomplit non seulement un acte biologique vital, mais aussi un acte culturel : que cette alimentation a été choisie en fonction de normes que lui ont données sa famille, sa religion... L'enfant est apte à saisir cette complexité du réel alors que souvent l'adulte, formé par l'enseignement académique, ne le peut plus.

Ce que l'enseignant devrait apprendre, pour pouvoir l'enseigner à l'enfant, c'est un mode de connaissance qui relie. Il ne suffit pas de dire "Il faut relier" pour relier : relier nécessite des concepts, des conceptions, et ce que j'appelle des opérateurs de reliance.

Le système
La première notion ou conception est celle de système. C'est une approche qui a réapparu récemment dans notre connaissance, s'opposant à la conception

---

1. Paradigme : principe organisateur occulte de la connaissance, cf. ma définition in *Méthode 5*, Index des définitions.

réductionniste pour qui la connaissance des parties ou des éléments de base suffit pour connaître les ensembles, ceux-ci n'étant finalement que des assemblages, alors qu'ils existent par organisation. C'est en effet par organisation que le tout est quelque chose de plus que la somme des parties ; ou, dit autrement, qu'un tout organisé (système) produit ou favorise l'apparition d'un certain nombre de qualités nouvelles absentes des parties séparées : les émergences. N'est-ce pas l'un des plus grands mystères de l'univers que la réunion d'éléments dispersés, comme le fut, par exemple, la réunion de très nombreuses macromolécules, s'assemblant, ait pu donner le premier être vivant ? Que de ce nouveau type d'organisation aient émergé des qualités nouvelles comme les qualités de connaissance, de mémoire, de mouvement, d'autoreproduction ?

On peut dire que la notion de système, ou encore d'organisation, terme que je préfère, permet de connecter et de relier les parties à un tout et de nous désemprisonner de connaissances fragmentaires.

La causalité circulaire

Une deuxième notion importante est celle de circularité ou de boucle. Cette notion a été souvent utilisée mais sans être nommée. Quand Pascal disait "Je tiens pour impossible de connaître le tout si je ne connais les parties ni de connaître les parties si je ne connais le tout", il soulignait avec force que la vraie connaissance, c'est une connaissance qui fait le circuit de la connaissance des parties vers celle du tout et de celle du tout vers celle des parties. On peut en donner un exemple familier : quand nous faisons une traduction à partir d'une langue étrangère, nous essayons de saisir un sens global provisoire de la phrase ; nous connaissons quelques mots, nous regardons dans le dictionnaire ; les mots nous aident à envisager le sens de la phrase, laquelle nous aide à fixer le sens des mots, à les faire sortir de leur polysémie pour leur donner un sens univoque. Par ce circuit nous arrivons, si nous y réussissons, à avoir la bonne traduction.

La notion de boucle est d'autant plus intéressante et féconde qu'elle ne s'en tient pas à l'idée d'une boucle régulatrice, annulant les déviances et permettant de maintenir l'homéostasie d'un système ou d'un organisme. La notion la plus forte est celle de boucle autogénératrice ou récursive, c'est-à-dire où les effets et les produits deviennent nécessaires à la production et à la cause de ce qui les cause et de ce qui les produit. Exemple évident de ce type de boucle, nous-mêmes, qui sommes les produits d'un cycle de reproduction biologique dont nous devenons, pour que le cycle continue, les producteurs. Nous sommes des produits producteurs. De même, la société est le produit des interactions entre individus, mais au niveau global, justement, émergent des qualités nouvelles qui, rétroagissant sur les individus – le langage, la culture – leur permettent de s'accomplir comme individus. Les individus produisent la société qui produit les individus.

On peut en tirer tout de suite deux conséquences importantes. L'une, logique, c'est qu'un produit producteur est incompatible avec la logique classique. L'autre, c'est que nous voyons apparaître la notion d'autoproduction et d'auto-organisation. Je dirais plus : dans cette notion d'autoproduction et d'auto-organisation – une notion clé pour certaines réalités physiques (les étoiles) et surtout pour les réalités vivantes – non seulement nous pouvons fonder l'idée d'autonomie, mais, plus encore, nous pouvons la lier au processus ininterrompu qui est celui de la réorganisation ou de la régénération.

La régénération, nous la vivons à chaque instant : nos molécules se dégradent et sont remplacées par de nouvelles, nos cellules meurent et sont remplacées par de nouvelles, notre sang circule et détoxifie nos cellules par l'oxygène, notre cœur bat et fait actionner par sa pompe la circulation du sang. Chaque moment de notre vie est un moment de régénération. Je dirais que l'être ne peut s'autoproduire et s'automaintenir que s'il s'autorégénère. Ainsi, nos vies dépendent de ce processus permanent de régénération (la respiration apporte l'oxygène que le cœur véhicule par le sang dans les cellules de l'organisme, qu'il détoxifie sans cesse). Quand nous réfléchissons au sens de l'auto-organisation ou de l'autoproduction, nous nous rendons compte, comme l'avait remarqué von Foerster, que l'auto-organisation est finalement une notion paradoxale : un être vivant, auto-organisateur, auto-producteur consomme de l'énergie, donc la dégrade, donc a besoin de puiser de l'énergie dans son environnement et, par là même dépend de cet environnement qui en même temps lui procure son autonomie. La séparation des deux cultures faisait que l'autonomie existait en métaphysique et non en science. Mais nous voici dans une conception de l'autonomie qui existe non dans le ciel métaphysique mais sur terre et en se construisant à partir de dépendances. Plus notre esprit veut être autonome, plus il doit lui-même se nourrir de cultures et de connaissances différenciées. Schrödinger avait déjà énoncé que dans notre identité, nous portons l'altérité, ne serait-ce que l'altérité du milieu. Dans notre identité d'individu social, nous portons l'altérité de la société. Dans notre identité de sujet pensant, nous portons l'altérité de l'héritage génétique qui est celui de l'humanité, et l'héritage pulsionnel qui est celui de notre animalité. Nous en arrivons ainsi à un certain nombre de notions qui nous permettent de relier au lieu de séparer.

La dialogique

Une troisième notion que j'appelle la *dialogique* peut être considérée comme l'héritière de la dialectique. J'entends "dialectique" non pas à la façon réductrice dont on comprend couramment la dialectique hégélienne, à savoir comme un simple dépassement des contradictions par une synthèse, mais comme la présence nécessaire et complémentaire de processus ou d'instances antagonistes.

C'est l'association complémentaire des antagonismes qui nous permet de relier des idées qui se rejettent l'une l'autre, comme par exemple l'idée de vie et de mort. Car, qu'y a-t-il de plus antagonistes que vie et mort ? Bichat définissait la vie comme l'ensemble des fonctions qui résistent à la mort. Il n'y a pas longtemps que nous comprenons comment le processus de vie, le système de régénération dont j'ai parlé, utilise la mort des cellules pour se rajeunir par de nouvelles cellules. Autrement dit, la vie utilise la mort. De même, le cycle trophique de l'écologie qui permet aux êtres vivants de se nourrir les uns les autres fait qu'ils se nourrissent par la mort d'autrui. Les animaux morts font le festin d'insectes nécrophages et d'autres animalcules, sans compter les unicellulaires, et leurs sels minéraux sont absorbés par les plantes. Autrement dit, la vie et la mort sont l'envers l'un de l'autre. Ce qui fait que la formule de Bichat peut être complexifiée : la vie est l'ensemble des fonctions qui résistent à la mort tout en utilisant les forces de mort pour elle-même. Ruse de la vie, qui ne doit pas escamoter le fait que vie et mort demeurent deux notions absolument antagonistes. Donc, là aussi, possibilité de relier des notions sans nier leur opposition.

Le principe hologrammatique

Quatrième notion enfin, celle que j'appelle principe hologrammatique. Il signifie que dans un système ou dans un monde complexe, non seulement une partie se trouve dans le tout, mais le tout se trouve dans la partie. Non seulement l'individu est dans une société mais la société est à l'intérieur de lui puisque dès sa naissance, elle lui a inculqué le langage, la culture, ses prohibitions, ses normes. Il a aussi en lui les particules qui se sont formées à l'origine de notre univers, les atomes de carbone qui se sont formés dans des soleils antérieurs au nôtre, les macromolécules qui se sont formées avant que naisse la vie. Nous avons en nous le règne minéral, végétal, animal, les vertébrés, les mammifères, etc. Enfin, *la mondialisation est à l'intérieur de chacun de nous :* le matin j'écoute sur ma radio japonaise les informations du monde, je prends un thé de Chine ou un café de Colombie, une orange du Maroc, une banane ou un ananas d'Afrique, je mets un tricot en coton d'Égypte, une chemise confectionnée en Chine, un vêtement de laine de mouton d'Australie, je consulte mon ordinateur dont les pièces ont été produites dans un pays asiatique et assemblées aux États-Unis, je prends une voiture coréenne et ainsi de suite. La mondialisation est dans nos usines métallurgiques et textiles du Nord abandonnées, dans les grands champs céréaliers de la Beauce vouées à l'exportation, dans la ruée des touristes chinois et japonais devant la tour Eiffel.

Nous sommes, en quelque sorte, non pas à la façon ancienne miroirs du cosmos, microcosmes identiques au macrocosme ; c'est tout en étant singuliers que nous portons la totalité de l'univers en nous, nous situant dans la plus grande reliance qui puisse être établie.

La pensée complexe

Il ne s'agit pas de détruire, il s'agit de relier.

EDGAR MORIN

La réforme de pensée, c'est celle qui permet d'intégrer ces modes de reliance. J'appelle cela pensée complexe, mais je me hâte de dire qu'il y a un malentendu sur le mot : certains, en entendant sans cesse le mot *complexe* autour d'eux, me disent "Vous voyez comme vos idées progressent". Je leur réponds qu'ils se trompent car tel qu'on l'emploie ou tel qu'on croit le comprendre le terme sert à indiquer la confusion, l'embarras et l'incapacité que l'on a à décrire. Alors que ce que j'appelle la pensée complexe, c'est celle qui veut surmonter la confusion, l'embarras et la difficulté de penser à l'aide d'une pensée organisatrice : séparatrice et reliante.

La réforme de pensée rencontre des conditions favorables et des conditions défavorables.

Les conditions favorables, ce sont deux grandes révolutions scientifiques. La première, bien avancée mais encore loin d'être achevée, est celle qui a commencé au début du XXe siècle avec la physique quantique, et qui a entièrement bouleversé notre notion du réel, abolissant totalement la conception purement mécaniste de l'univers. Elle a continué avec la cosmophysique qui a supprimé un univers statique pour l'inscrire dans une histoire comportant un commencement et peut-être une fin.

La deuxième révolution, qui en est à ses débuts, s'est manifestée dans certaines sciences que l'on peut appeler les sciences systémiques, où nous voyons effectivement se créer des approches complexes, polydisciplinaires, comme dans les sciences de la terre, l'écologie ou la cosmologie. En écologie, l'écologue est comme le chef d'orchestre qui prend en compte les déséquilibres, les régulations, les dérèglements des écosystèmes, et qui fait appel aux compétences spécifiques du zoologiste, du botaniste, du biologiste, du physicien, du géologue, etc. L'objet systémique n'est pas un objet découpé à la tronçonneuse de disciplines devenues schizoïdes.

Ces deux révolutions encore inachevées l'une et l'autre, mais en cours, représentent donc les conditions favorables de la réforme de pensée.

Dans l'ancienne conception, il n'y a aucun dialogue possible entre des sciences qui éliminent l'idée de nature, de cosmos, l'idée d'homme. À partir de la pensée complexe, nous retrouvons la possibilité à la fois de relier et séparer l'être humain, de la nature et du cosmos, nous pouvons rétablir le dialogue entre les deux cultures scientifique et humaniste, nous situer dans l'univers où le local et le global sont reliés.

Les conditions défavorables relèvent des structures mentales, des structures institutionnelles, et du paradigme de disjonction et de réduction qui fonctionne à l'intérieur des esprits, même quand ceux-ci sont arrivés à des conceptions qui ont dépassé et la disjonction et la réduction. Nous voyons par exemple chez un René Thom la croyance déterministe subsister alors que toute sa pensée a su aller au-delà. Nous sommes de nouveau dans la boucle des causalités : la réforme de pensée nécessite une réforme des institutions qui nécessite elle-même une réforme de pensée. Il s'agit de transformer ce cercle vicieux en circuit productif. La condition est que puisse apparaître quelque part une déviance fructueuse qui permette d'essaimer et de devenir une tendance. J'ai donné ailleurs l'exemple de l'université moderne instituée par Humboldt dans un petit pays périphérique d'alors, la Prusse, au début du siècle dernier.

Réforme de pensée et éducation

Je crois que la réforme, pour être porteuse d'un vrai changement de paradigme, doit être pensée non seulement au niveau de l'université, mais déjà au niveau de l'enseignement primaire. La difficulté est d'éduquer les éducateurs, ce qui est le grand problème que posait Marx dans une de ses thèses fameuses sur Feuerbach "Qui éduquera les éducateurs ?" Il y a une réponse, c'est qu'ils s'autoéduquent avec l'aide des éduqués.

Si l'intérêt et la passion (l'Éros) sont éveillés chez bien des enseignants en philosophie, histoire, sociologie, ils pourront d'eux-mêmes amplifier leur culture et établir des liens organiques pour des enseignements communs avec des enseignants d'autres disciplines.

D'autre part, le renouvellement des institutions de formation des maîtres pourra leur permettre d'introduire et de développer dans leurs enseignements les nouveaux savoirs.

Enfin, il existe depuis quelques décennies des ouvrages de chercheurs et professeurs qui nourrissent les possibilités et ébauches d'une authentique culture où soient établies les reliances entre les connaissances cosmologiques, physiques, biologiques, et les humanités. Signalons par exemple : pour nous reconnaître dans l'univers les livres de Michel Cassé, Hubert Reeves, Trinh Thuan ; en matière de relation cerveau/esprit ceux de Jean-Didier Vincent, Antonio Damasio ; en matière de complexité, Prigogine, Stengers, mon introduction à la pensée complexe ; en matière de pensée transdisciplinaire, Michel Serres, Basarab Nicolescu. Ce ne sont que quelques exemples de cette riche bibliographie qui pourra nourrir les intelligences et les bonnes volontés. Les livres ouvrent les chemins !

Un programme interrogatif

L'esprit de la programmation actuelle casse ainsi les curiosités naturelles qui sont celles de toute conscience qui s'ouvre sur l'humain, la vie, la société, le monde. Cette considération nous amène à chercher le point de départ de l'enseignement dans les interrogations premières et à élaborer dès l'école primaire un *programme interrogatif*. Interroger l'homme, découvrir sa triple nature, biologique, psychologique (individuelle), sociale. Interroger la biologie, découvrir que tous les êtres vivants sont de même matière que les autres corps physicochimiques et en diffèrent par leur organisation. D'où interrogation de la physique et de la chimie et interrogation spécifique de l'organisation biologique.

Pour comprendre ce qui inscrit l'humanité dans le monde physique et vivant et ce qui l'en différencie, je propose de raconter l'aventure cosmique telle qu'on peut se la représenter actuellement, en indiquant ce qui est hypothétique, ce qui est inconnu, ce qui est mystérieux ; la formation des particules, l'agglomération de la matière en protogalaxies, puis la formation des étoiles et galaxies, la formation des atomes de carbone au sein de soleils antérieurs au nôtre, puis la constitution sur terre, peut-être avec le concours de matériaux venus de météorites, des macromolécules ; de poser le problème de la naissance de la vie, ce qui fait surgir celui de la nature de l'organisation vivante.

Alors physique, chimie, biologie, tout en devenant des matières distinctes ne seront plus isolées.

À partir du scénario de l'hominisation sera posé le problème de l'émergence d'*Homo sapiens*, de la culture, du langage, de la pensée, ce qui permettra de faire émerger la psychologie et la sociologie. Des leçons de connexions bio-anthropologiques devront être fournies, afin de faire comprendre que l'homme est à la fois 100 % biologique et 100 % culturel, que le cerveau étudié en biologie et l'esprit étudié en psychologie sont les deux faces d'une même réalité, et que, pour que l'esprit puisse émerger, il faut qu'il y ait langage, c'est-à-dire culture.

Je suis convaincu que c'est dès l'école primaire que l'on peut essayer de mettre en place – en activité – la pensée reliante car elle est présente à l'état sauvage, spontané, chez tout enfant. Cela peut se faire à partir des grandes interrogations, notamment la grande interrogation anthropologique : "Qui sommes-nous, d'où venons-nous, où allons-nous ?" Il est évident que si l'on pose cette question, on peut répondre à l'enfant, à travers une pédagogie adéquate et progressive, en quoi et comment nous sommes des êtres biologiques, en quoi ces êtres biologiques sont à la fois des êtres physicochimiques, des êtres psychiques, des êtres sociaux, des êtres historiques, des êtres dans une société vivant en économie d'échanges, etc. De là, nous pouvons dériver, déboucher et ramifier vers les sciences séparées, tout en montrant leurs liens. À partir de ces bases, nous pouvons faire découvrir les modes systémique, hologrammatique, dialogique, de la connaissance complexe.

À l'école primaire, partant, par exemple, du Soleil, on pourra en montrer son organisation étonnante, avec des explosions incessantes qui soulèvent des problèmes d'ordre et de désordre ; on soulignera son rôle par rapport à la Terre, le rôle des photons, indispensable à la vie : on pourra ainsi envisager gravitation, mouvement, lumière, hydrosphère, lithosphère, atmosphère, photosynthèse. On le reliera à son rôle dans les sociétés humaines : institution des calendriers, des grands mythes solaires...

L'étape du secondaire devrait être celle de la jonction des connaissances, de la fécondation de la culture générale, de la rencontre entre la culture des humanités et la culture scientifique, de la fécondation réciproque de l'esprit scientifique et de l'esprit philosophique ; le temps de la réflexivité sur la science, sur sa situation dans le monde contemporain. La littérature, elle, doit y tenir un rôle éminent car elle est une école de vie. C'est là où nous apprenons à nous connaître nous-mêmes, à nous reconnaître, à reconnaître nos passions. C'est dans le roman que nous voyons les êtres humains dans leur subjectivité et leur complexité. La Rochefoucauld disait que sans roman d'amour, il n'y aurait pas d'amour ; il exagérait certes, mais les romans d'amour nous font reconnaître notre façon d'aimer, nos besoins d'aimer, nos tendances, nos désirs. Il est fondamental de donner à la littérature son statut existentiel, psychologique et social, qu'on a tendance à réduire à l'étude des modes d'expression. Du même coup, à partir des grandes œuvres d'introspection comme les *Essais* de Montaigne, on inciterait à la nécessité d'autoconnaissance pour chacun ; on réfléchirait aux problèmes et difficultés qu'elle pose, à commencer par la présence en chacun d'une tendance permanente à l'autojustification et à l'automythification, à la *self deception* ou mensonge sur soi-même[1].

---

1. Edgar Morin, "Réhabiliter et ré-armer l'introspection", dans *Revue de psychologie de la motivation*, Cercle d'étude Paul Diel, n° 9, janvier 1990.

Il s'agit aussi d'affermir et de complexifier l'enseignement de l'histoire. L'histoire s'est déjà complexifiée en devenant histoire des processus économiques, des conceptions de la vie, de la mort, des mœurs. Il faut que l'histoire devienne davantage encore multidimensionnelle et réintroduise les événements qu'elle a voulu chasser pendant un temps. L'histoire nous rattache au passé : passé de la nation, des continents, de l'humanité, et par ces passés à notre poly-identité naturelle, européenne, humaine. Comme nous l'indiquons, l'histoire de France doit être revue du point de vue de la francisation.

Alors, l'université ? J'ai déjà dit qu'il nous fallait dépasser l'alternative : l'université doit-elle s'adapter à la modernité, ou adapter la modernité à elle. Elle doit faire l'un et l'autre alors qu'elle est violemment entraînée vers le premier pôle. Adapter la modernité à l'université, c'est contrebalancer la tendance vers la professionnalisation, la technicisation, la rentabilité économique. La sur-adaptativité est un danger qu'avait bien vu Humboldt puisqu'il disait que l'université a pour mission de donner les bases de connaissances de la culture et que l'enseignement professionnel doit relever d'écoles spécialisées. L'université est avant tout le lieu de transmission et de rénovation de l'ensemble des savoirs, des idées, des valeurs, de la culture. À partir du moment où l'on pense que l'université a principalement ce rôle, elle apparaît dans sa dimension trans-séculaire ; elle porte en elle un héritage culturel, collectif, qui n'est pas seulement celui de la nation mais de l'humanité, elle est trans-nationale. Il s'agit maintenant de la rendre trans-disciplinaire. Pour ce faire, il faudrait y introduire les principes et les opérateurs de la réforme de pensée que j'ai évoqués. Ce sont ces principes et ces opérateurs qui permettront de relier les disciplines à travers une relation organique, systémique, tout en les laissant librement se développer.

La boucle des sciences

Chaque université pourrait consacrer un dixième de ses cours au profit des enseignements transdisciplinaires. Ceux-ci porteraient, par exemple, sur la relation cosmo-physico-bio-anthropologique et sur la boucle des sciences décrite par Piaget. Que veut dire cette boucle ? C'est échapper à la hiérarchie ou pyramide des sciences, où à la base, il y a la physique, au-dessus la biologie, et au-dessus les sciences humaines. Et il est évident que nous sommes primairement des êtres physiques dans un monde physique, secondairement des êtres biologiques dans un monde biologique, et enfin des êtres humains dans une société et une histoire. L'idée de la boucle vient du fait que la physique elle-même s'est développée au cours de l'histoire des sociétés, notamment au XIXᵉ siècle, c'est-à-dire que la physique n'est pas la base première de la connaissance ; elle est elle-même un produit historico-anthropologico-social, ce qui la replace dans la boucle. Les sciences humaines dépendent des sciences naturelles lesquelles dépendent des sciences humaines. C'est une idée clé qui permet de dépasser réduction, disjonction et hiérarchie.

Apprendre à apprendre

Résumons :

il faut *apprendre à apprendre,* c'est-à-dire apprendre, à la fois en séparant et reliant, analysant et synthétisant :

– à considérer les objets non plus comme des choses, closes sur elles-mêmes, mais comme des systèmes communiquant entre eux et avec leur environnement, cette communication faisant partie de leur organisation et de leur nature même ;

– à dépasser la causalité linéaire "cause effet" pour apprendre la causalité mutuelle, interrelationnelle, circulaire (rétroactive, récursive), les incertitudes de la causalité (pourquoi les mêmes causes ne produisent pas toujours les mêmes effets quand les réactions des systèmes qu'elles affectent sont différentes, et pourquoi des causes différentes peuvent susciter les mêmes effets) ;

– à saisir le défi de la complexité qui nous vient de tous les domaines de la connaissance et de l'action, et le mode de penser apte à répondre à ce défi.

Un tel mode de penser nécessite l'intégration de l'observateur dans son observation, c'est-à-dire l'examen de soi, l'autoanalyse, l'autocritique. L'autoexamen devrait être enseigné dès le primaire et tout au long de celui-ci :

on étudierait notamment comment les erreurs ou déformations peuvent survenir dans les témoignages les plus sincères ou convaincus ; la façon dont l'esprit occulte les faits qui gênent sa vision du monde ; comment la vision des choses dépend moins des informations reçues que de la façon dont est structuré le mode de penser.

Pour se former à cette démarche d'esprit les enseignants devraient pouvoir être initiés à ce que j'appelle les sciences d'un nouveau type : ce sont l'écologie, les sciences de la terre, la cosmologie.

Éducation à la science écologique

Il est devenu nécessaire d'introduire la science écologique comme matière pleine dans tout le cycle enseignant. Cette science en effet rétablit la relation radicale (aux racines) de la relation nature/culture, humanité/animalité, qui s'est trouvée disjointe dans la civilisation judéo-chrétienne (l'homme créé à l'image de Dieu dans la Bible, promis à l'immortalité par saint Paul), disjonction aggravée dans la civilisation actuelle (l'homme devenant maître et possesseur de la nature selon Descartes), puis à partir du XXe siècle corrompant non seulement la biosphère, mais la civilisation même qui produit cette corruption.

La science écologique est exemplaire pour l'apprentissage de la connaissance systémique puisque sa base est la notion d'écosystème, à la connaissance transdisciplinaire, car elle mobilise les connaissances de la géographie, de la géologie, du climat, de la physique, de la chimie, de la bactériologie, de la botanique, de la zoologie et de plus en plus des sciences humaines, car c'est depuis les développements de l'agriculture, puis les développements massifs de l'industrie que les activités humaines modifient et perturbent les écosystèmes et plus largement la biosphère. Aussi la science écologique est devenue une science complexe, puisqu'elle permet de relier de façon probante les multiples disciplines, et par cette reliance elle nous permet de considérer les problèmes vitaux et urgents de la relation elle-même complexe entre l'humain et la nature, entre l'humanité et sa patrie la Terre.

La connaissance écologique est devenue par là vitale et urgente : elle permet, sollicite et stimule la prise de conscience des dégradations de la biosphère qui se répercutent de façon de plus en plus dangereuse sur les vies individuelles, les sociétés, l'humanité et nous incite à prendre les mesures indispensables à cet effet.

Puis les sciences de la terre qui, depuis vingt ans, nous ont permis de comprendre l'unité de cet énorme système très complexe étudié jusque-là séparément par diverses sciences, qui peuvent maintenant communiquer sans pourtant s'unifier dans une vision réductrice. C'est passionnant pour un petit humain de voir comment des sciences aussi diverses que la géographie, la sismologie, la météorologie, la géologie, sont reliées dans l'étude de l'histoire et de la vie de la Terre.

Enfin la cosmologie tente de répondre au questionnement sur les origines et le devenir de l'univers. Nous pouvons faire comprendre à l'enfant que nous faisons totalement partie de cet univers, que nous sommes constitués des mêmes particules que les plus anciens soleils, et en même temps, que notre humanité nous en différencie, crée une distance entre nous et la nature. Nous devons faire concevoir la petitesse et la marginalité de notre système solaire dans le gigantesque et insondable univers, et concevoir notre minuscule planète parmi les milliards de planètes comme notre patrie humaine.

La réforme de pensée et l'éthique

Il est très important de parler des conséquences éthiques que la boucle des connaissances peut entraîner. En effet, morale, solidarité, responsabilité ne peuvent être dictées *in abstracto* ; on ne peut pas les faire ingurgiter à des esprits comme on gave les oies par un entonnoir. Je pense qu'elles doivent être induites par le mode de pensée et par l'expérience vécue. La pensée qui relie montre la solidarité des phénomènes. La pensée qui nous relie au cosmos ne nous réduit pas à l'état physique. C'est une pensée qui nous montre nos origines physicocosmiques mais qui montre que nous sommes aussi des émergences. Nous sommes dans la nature mais nous sommes hors de cette nature dans une relation dialogique. Or, une pensée qui relie nous rend la solidarité. Ainsi, aujourd'hui, l'écologie rappelle notre solidarité vitale avec la nature que nous dégradons.

Mais qu'est-ce qui détruit la solidarité et la responsabilité ? C'est la dégradation de l'individualisme en égoïsme, c'est simultanément le mode compartimenté et parcellaire dans lesquels vivent non seulement les spécialistes, techniciens, experts, mais aussi ceux qui sont compartimentés dans les administrations et les bureaux. Si nous perdons de vue le regard sur l'ensemble, celui dans lequel nous travaillons et bien entendu la cité dans laquelle nous vivons, nous perdons *ipso facto* le sens de la responsabilité ; tout au plus nous avons un minimum de responsabilité professionnelle pour notre petite tâche. Pour le reste, comme le disait Eichmann, et comme l'ont dit ceux qui donnaient du sang contaminé aux hémophiles : "J'obéis aux ordres." Nous obéissons aux ordres, nous obéissons aux instructions. Tant que nous n'aurons pas essayé de réformer ce mode d'organisation du savoir, qui est en même temps un mode d'organisation sociale, tous les discours sur la responsabilité et sur la solidarité seront vains.

La réforme de pensée peut réveiller les aspirations et le sens de la responsabilité inné en chacun de nous, faire renaître le sentiment de solidarité qui se manifeste peut-être plus particulièrement chez certains, mais qui est potentiel en tout être humain. La réforme de pensée et la réforme de l'enseignement ne sont pas les seuls éléments qui peuvent agir en ce sens mais elles représentent un élément constitutif essentiel.

Une deuxième conséquence importante du point de vue éthique, c'est que la pensée transdisciplinaire nous incite à l'*éthique de la compréhension*. Un être humain est une galaxie ; il possède sa multiplicité intérieure. Il n'est pas le même à tout moment de son existence ; il n'est pas le même en colère, il n'est pas le même quand il aime, il n'est pas le même en famille, il n'est pas le même au bureau, etc. Nous sommes des êtres de multiplicité en quête d'unité et les phénomènes de dédoublement et de triplement de personnalité, considérés comme cas pathologiques, sont en fait l'exagération de ce qui est normal.

Nous sommes multiples et susceptibles de dériver au cours des événements, des hasards, des circonstances. Combien en ai-je vu dériver sous l'Occupation, qui par pacifisme sont devenus collaborateurs. Combien en ai-je vu dériver dans le stalinisme, qui voulaient régénérer l'humanité et qui en sont devenus les bourreaux. Ils dérivaient, soumis à des processus dont ils n'étaient pas conscients. Si nous savons cette multiplicité humaine, si nous voyons tout ce qu'elle peut subir, nous entendrons ce que nous dit Hegel : Si vous nommez criminel quelqu'un qui a commis un crime, vous le réduisez et l'enfermez dans un comportement qui ne tient pas compte de l'ensemble de ses traits de caractère. Réduire une personne à son passé, c'est le mutiler de ses évolutions ultérieures. On ne doit réduire autrui ni au pire de lui-même, ni à ses fautes passées.

C'est la tendance à la réduction qui nous prive de la compréhension : entre les peuples, entre les nations, entre les religions. C'est elle qui fait que l'incompréhension règne au sein de nous-mêmes, dans la cité, dans nos relations avec autrui, au sein des couples, entre parents et enfants.

Sans la compréhension, il n'y a pas de vraie civilisation, mais barbarie dans les relations humaines. Nous sommes encore barbares par incompréhensions. D'autres anciennes barbaries resurgissent dans divers points du globe, et pourraient à nouveau apparaître chez nous. Dans nos pays dits civilisés, les conséquences éthiques d'une réforme de pensée seraient incalculables. C'est pour cela qu'effectivement nous nous rendons compte que la réforme de pensée porte en elle des virtualités qui dépassent la réforme de l'éducation elle-même.

La réforme de pensée conduit à une réforme de vie elle-même nécessaire au bien vivre.

V
ÊTRE HUMAIN !

1. La condition humaine

La connaissance de notre condition humaine est absente des programmes d'enseignement, parce que ce qui est humain est dispersé/compartimenté dans toutes les disciplines des sciences humaines, biologiques (le cerveau étudié en biologie, l'esprit en psychologie), physiques (nous sommes faits de molécules, atomes, particules), mais aussi en philosophie, en littérature et dans les arts, sans lesquels notre connaissance de l'humain resterait mutilée. Historiquement, nous devons insérer l'humain dans un nouveau grand récit qui part de la naissance de l'univers où apparaît il y a quelques milliards d'années notre Soleil et qui se prolonge singulièrement sur une de ses planètes, stabilisée par sa Lune, par l'aventure de la vie et où va surgir chez les mammifères, la lignée des primates puis un étrange rameau bipède qui va se redresser dans une nouvelle aventure : l'hominisation et poursuit le devenir humain jusqu'à la présente globalisation qui elle-même n'est que le stade actuel d'une aventure inconnue[1].

Nous devons aussi reconnaître la complexité humaine : l'humain est trinitaire individu-espèce-société, ces trois termes inséparables sont producteurs l'un de l'autre en boucle récursive[2] et se trouvent inclus l'un dans l'autre : ainsi l'individu n'est pas seulement une petite partie de sa société, le tout de sa société est présent en lui dans le langage et la culture. Un individu n'est pas seulement une petite partie de l'espèce humaine. Le tout de l'espèce est présent en lui, par son patrimoine génétique, en chaque cellule et il est présent même dans son esprit qui dépend du fonctionnement du cerveau.

L'être humain est à la fois physique, biologique, psychique, culturel, social, historique. C'est cette unité complexe de la nature humaine qui est

---

1. Cf. le grand récit, p. 97-105.
2. Boucle récursive : processus où les effets et les produits sont nécessaires à leur causation et leur production ; ainsi l'individu humain est le produit d'un processus de reproduction (espèce) mais deux individus sont nécessaires pour ce processus de reproduction.

complètement désintégrée dans l'enseignement disciplinaire, et il est devenu impossible d'apprendre ce que signifie être humain. Il faut la restaurer, de façon que chacun, où qu'il soit, prenne connaissance et conscience à la fois de son identité singulière et de son identité commune avec tous les autres humains.

Ainsi, la condition humaine devrait être un objet essentiel de tout enseignement.

Il s'agit d'indiquer comment il est possible, à partir des disciplines actuelles, de reconnaître l'unité et la complexité humaines en rassemblant et organisant des connaissances dispersées dans les sciences de la nature, les sciences humaines, la littérature et la philosophie, et de montrer le lien indissoluble entre l'unité et la diversité de tout ce qui est humain.

Enseigner l'identité terrienne

Le destin désormais planétaire du genre humain est une autre réalité clé ignorée par l'enseignement. La connaissance des développements de l'ère planétaire qui vont s'accroître dans le XXIe siècle, et la reconnaissance de l'identité terrienne, qui sera de plus en plus indispensable pour chacun et pour tous, doivent devenir un des objets majeurs de l'enseignement.

Il convient d'enseigner l'histoire de l'ère planétaire, qui commence avec la communication de tous les continents au XVIe siècle, et de montrer comment sont devenues intersolidaires toutes les parties du monde sans pourtant occulter les oppressions et dominations qui ont ravagé l'humanité et n'ont pas disparu.

Il faudra indiquer le complexe de crise planétaire qui marque le XXIe siècle, montrant que tous les humains, désormais confrontés aux mêmes problèmes de vie et de mort, vivent une même communauté de destin.

2. Le grand récit[1]

Sous les effets conjugués de l'école des Annales, d'une vulgate marxiste et du structuralisme, les événements n'étaient qu'écume insignifiante, par rapport aux processus de longue durée, ils cachaient même les véritables déterminants économiques et sociaux. Artistes, écrivains et philosophes ne pouvaient qu'exprimer leur époque, jamais la devancer. L'histoire avait été vidée de ses histoires. En même temps le philosophe Lyotard avait sonné le glas des "grands récits". Certes, il visait le récit d'une histoire marxiste de l'humanité, partant du communisme primitif et aboutissant au communisme final, et il pouvait justement mettre en relief les discontinuités de l'histoire humaine. Mais il oubliait qu'un grand récit peut être fait de continuités et de discontinuités.

Et surtout il ignorait, au moment où il annonçait la mort des grands récits, qu'émergeait à notre connaissance le plus grand récit qui se puisse concevoir, un récit qui commence il y a plus de treize milliards d'années, celui de l'histoire de notre univers qui naît dans une turbulence inouïe, se continue avec la formation des noyaux, des atomes, des galaxies, des astres. Puis, il y a quatre milliards d'années, le récit prend un cours singulier sur une planète d'un soleil de banlieue avec la naissance de la vie, ses développements végétaux et animaux, et, sur un rameau d'évolution, de vertébrés en mammifères, de mammifères en primates, apparaissent les hominiens bipèdes nos ancêtres il y a plus de sept millions d'années, qui amorcent un nouveau grand récit au sein du mégarécit de l'univers ; ce récit est celui de l'hominisation qui se continue avec l'apparition d'*Homo sapiens* puis devient le récit de la diaspora des sociétés archaïques sur toute la surface de la planète, jusqu'à l'apparition en cinq points du globe des sociétés justement nommées historiques, puisque avec elles apparaissent la chronologie, les cités et les empires,

---

1. "L'Histoire a conquis l'Univers", dans *Hommage à André Burguière*, sous la direction de Myriam Cottias, Laura Downs, Christiane Klapisch-Zuber, Presses universitaires de Rennes, 2010.

puis les nations, à travers grandioses créations civilisationnelles, guerres, hécatombes, désastres. Et cette histoire se poursuit à partir du XVIe siècle à travers dominations et esclavages en histoire de la mondialisation qui rend interdépendantes aujourd'hui toutes les parties du globe et crée de nouveaux espoirs et de nouvelles menaces mortelles pour l'humanité. Et l'aventure continue, dans l'incertitude et l'inconnu.

L'histoire humaine est un grand récit, non pas continu mais marqué par des discontinuités, événements, accidents, catastrophes, inventions, créations. Aussi nous pouvons dire avec assurance que l'histoire qui inclut discontinuités, accidents et innovations, qui inclut l'événement comme le long cours, les révolutions comme les stagnations, a non seulement reconquis sa légitimité comme histoire complexe et complète de l'humanité, elle impose sa pertinence aussi, comme nous allons le voir, pour l'hominisation, la vie, l'univers.

L'hominisation n'est pas simple évolution à partir d'un ancêtre dont la descendance aurait progressivement évolué pour arriver à *Homo sapiens*. Nous savons désormais qu'il y eut plusieurs espèces hominiennes concurrentes, il y a des millions d'années, qu'*Homo habilis* fut supplanté par *Homo erectus*, et qu'il y eut même à l'époque où *Homo sapiens* s'impose en Europe la présence préalable de son cousin, *Homo neanderthalensis*, disposant des mêmes aptitudes fabricatrices et des mêmes habitudes funéraires. La disparition du néanderthalien fut-elle due à un génocide pratiqué par *sapiens*, à un virus auquel *sapiens* était insensible ? On ne sait. Mais on peut dire que l'hominisation est non seulement une évolution, c'est aussi une histoire ponctuée d'événements, accidents, disparitions, innovations. Elle est en même temps continue et discontinue. Le développement du cerveau se fait à travers des discontinuités car ce sont des espèces nouvelles qui émergent avec un cerveau plus développé, et cela jusqu'à *Homo sapiens* dont le volume du cerveau a doublé peut-être à la suite d'une mutation génétique. Et la mutation génétique, qui établit toujours une discontinuité, est ce qui a fait apparaître une succession d'espèces hominiennes diverses jusqu'à ce que *sapiens* établisse son empire. L'apparition de notre propre langage articulé, inséparable de l'apparition de la culture, est lui-même un événement fondateur qu'ont permis la station debout et la réorganisation de la cavité crânienne. Ainsi l'hominisation relève d'une histoire multidimensionnelle événementielle, continue/discontinue donc complexe.

Les sociétés préhistoriques sont des sociétés qui demeurent des petites sociétés de chasseurs ramasseurs ; elles se différencient les unes les autres par leurs mythes, leurs adaptations au milieu et au climat, mais ce qui constitue une véritable histoire dans la préhistoire c'est leur diaspora qui, partie semble-t-il d'Afrique, s'est répandue sur tous les continents par terre et aussi par mer. Il y a une myriade de petites histoires, celles de ces sociétés au sein d'un phénomène historique capital : l'apparition d'une première mondialisation constituée par la diaspora planétaire de l'humanité et l'extrême diversification de ses langues, mœurs, cultures.

Notre histoire, elle, commence en cinq points du globe avec la constitution dans des conditions encore difficiles à concevoir, par agrégations et transformations des microsociétés préhistoriques en de grandes sociétés historiques, avec agriculture, sédentarité, villes, État, armée, classes sociales, esclavage, grandes religions, arts raffinés ou grandioses. En somme l'histoire est née d'une chaîne d'événements intégrateurs et métamorphosant, et la dimension événementielle va demeurer dans les guerres, formations et destructions d'empires, batailles aux issues parfois décisives pour le sort d'une société, et à l'intérieur des sociétés, coups d'États, régicides, révoltes, répressions et parfois nouvelles métamorphoses comme celle qui transforma la petite Rome rustique en un empire œcuménique.

Ainsi l'histoire est à la fois seignobosienne et braudelienne, marxienne et shakespearienne, productrice et destructrice, obéissant à de longs processus mais soudain déroutée par des événements comme l'aventure d'un Alexandre, la prédiction d'un Jésus universalisée par Saül de Tarse devenu Paul, celle de Mahomet. Des déviances, comme le capitalisme dans la société féodale, la science moderne au XVIIᵉ siècle, le socialisme au XIXᵉ siècle, deviennent tendances puis forces historiques formidables révolutionnant les sociétés en se développant. D'énormes empires parfois s'écroulent victimes d'invasions semeuses de ruines et de morts, parfois implosent sous l'effet de facteurs internes de désintégration à quoi s'ajoutent souvent des facteurs externes. Il faut même introduire la catastrophe dans l'histoire humaine. Catastrophe que l'anéantissement de Sumer, Akkad, Babylone, l'Empire perse, l'anéantissement de la civilisation aztèque, de la civilisation maya, de la civilisation inca... Catastrophe que la dislocation de l'Empire ottoman, de l'Empire austro-hongrois, que l'implosion de l'Empire soviétique... De plus il nous faut introduire l'idée de métamorphose dans l'histoire humaine puisque celle-ci naît d'une métamorphose d'où, à partir de sociétés archaïques sans agriculture, sans État, sans ville, apparaissent les sociétés historiques. Autre métamorphose, celle d'une Europe féodale en Europe moderne.

Si nous considérons l'histoire humaine dans tous ses aspects complexes, de grandeurs et de décadences, de créations et de destructions, de longue durée et d'accidents brutaux, de progrès et de régrès, d'essors et de catastrophes, c'est bien ce type d'histoire que nous allons retrouver dans l'histoire de la vie et dans l'histoire de l'univers. C'est ce type d'histoire que nous révèle ce qu'on croyait continu et linéaire, l'évolution biologique et ce qu'on croyait immobile, l'univers.

L'évolution biologique est historique dans le sens où des unicellulaires se sont associés pour former des êtres polycellulaires, où le règne végétal a créé le dispositif chlorophyllien qui lui permet de capter l'énergie solaire, où le règne animal a créé nageoire, pattes, ailes, et des organes comme cœur, foie, cerveau. L'évolution est créatrice comme le disait Bergson ou plutôt la créativité est le moteur de l'évolution. Les symbioses, comme la symbiose originelle entre deux cellulaires d'où est née la cellule eucaryote propre aux êtres polycellulaires, et les métamorphoses, comme celles qui opèrent la transformation de chenilles en papillons ou libellules sont également motrices de l'évolution vivante. Mais aussi l'histoire de la vie a connu des catastrophes qui l'ont modifiée. On sait maintenant qu'une catastrophe à la fin de l'ère primaire, au permien il y a deux cent cinquante-deux millions d'années a anéanti presque toutes les espèces vivantes et que la vie a redémarré sur de nouvelles bases. Parmi les rares survivants le lyphosaurus, ancêtre des mammifères ;

on sait également qu'une autre catastrophe d'origine volcanique et/ou météoritique a déterminé, il y a soixante-cinq millions d'années, l'anéantissement des dinosaures et a donné leur chance aux petits mammifères nos ancêtres. De même que les métissages dus aux invasions, dominations, rencontres de culture ont marqué toute l'histoire humaine et que tout Français par exemple porte en lui de multiples métissages, de même, comme nous dit Ameisen, "toute cellule, de la plus simple à la plus complexe, est un mélange d'êtres vivants d'origines diverses, un métissage[1]". De même que l'histoire des sociétés humaines, l'histoire des organismes vivants comporte des guerres permanentes ; non seulement la guerre entre antagonistes pour une même proie, mais guerre entre bactéries et virus d'une part, organismes vivants de l'autre, qui disposent de leurs systèmes immunologiques comme fortifications et armées contre les envahisseurs unicellulaires. Et cette guerre n'a pas de fin puisque des souches résistantes de bactéries résistent aux antibiotiques et que des virus mutent sans arrêt, comme celui de la grippe ou celui du sida, pour tromper les défenses de l'organisme qu'ils attaquent. Ainsi les mêmes caractères fondamentaux se retrouvent dans l'histoire de la vie comme dans celle de l'humanité.

Aussi ce n'est pas tant l'évolution de la vie qui comporte des histoires aux formes multiples, c'est plutôt l'Histoire aux formes multiples de la vie qui comporte les multiplicités d'évolutions.

La vie elle-même est née d'un événement peut-être unique sur Terre puisque tous les êtres vivants disposent du même code génétique, des mêmes propriétés de base autoproductives, autoréparatrices, cognitives. On a pu justement supposer que dans des conditions particulières, un tourbillon de macromolécules s'amplifiant et se complexifiant a pu se métamorphoser en un être auto-éco-organisateur, c'est-à-dire vivant, disposant de qualités et propriétés inconnues dans le monde physicochimique, bien qu'il soit constitué d'éléments strictement physicochimiques. L'apparition du vivant serait donc

1. Jean Claude Ameisen, *Dans la lumière et les ombres. Darwin et le bouleversement du monde*, Fayard/ Éditions du Seuil, 2008.

un accomplissement décisif d'une évolution physicochimique qui aurait produit des molécules de plus en plus complexes et aurait assemblé molécules autoreplicatives (ARN, ADN) et protéines en une entité devenant vivante et se nourrissant au sein de son environnement.

C'est de façon fondatrice et fondamentale que l'univers est entré dans l'histoire et que l'histoire est entrée dans l'univers. Hubble avait d'abord découvert la dispersion des galaxies, qui brisait l'immobilité supposée du cosmos. Puis on a supposé un événement premier, de nature thermique, quasi explosif d'où serait né l'univers, ce qu'a confirmé la détection d'un rayonnement isotrope fossile arrivant de tous les horizons de notre univers actuel et indiquant qu'il y eut un événement originaire qu'on a surnommé Big Bang. Dès les premières secondes, les particules apparaissent, se rencontrent en collisions qui les annihilent mutuellement, en associations qui forment les noyaux puis les atomes, et le premier génocide marque la naissance de notre univers, l'anéantissement de l'antimatière par la matière, comme il y eut peut-être l'anéantissement des néanderthaliens par *Homo sapiens*. Sous l'effet de la gravitation, des protogalaxies se sont formées et des poussières cosmiques se sont agglutinées dans une température croissante où s'est opérée une mise à feu faisant naître les étoiles par milliards et sans cesse des étoiles continuent de naître. Mais toutes ces étoiles, de même que les êtres vivants, sont promises à la mort, une fois épuisé leur combustible interne. L'histoire de l'univers est donc une histoire de formation d'organisations (atomes, molécules, astres) et de dégradation et désintégration d'organisations selon le second principe de la thermodynamique qui est un principe de dégradation et de dispersion, c'est-à-dire de mort.

Il y a certes fortes discontinuités entre l'histoire de l'univers, celle de la vie, celle de l'humanité. Les principes de l'histoire biologique, qui comporte avec la création et l'évolution d'innombrables espèces des adaptations à un environnement propre, des créativités propres, des antagonismes et complémentarités propres, sont différents de ceux de l'histoire physique. Les principes de l'histoire humaine ne sont plus ceux de l'évolution biologique ; celle-ci s'est quasi arrêtée avec *Homo sapiens*. Ce sont des évolutions culturelles et sociales qui sont apparues et se sont développées. Mais il y a une Histoire généralisée qui est complexe, et qui comporte une dialectique permanente entre ordre, désordre et organisation, qui comporte créations, complexifications, régressions, catastrophes, qui comporte événements transformateurs/ perturbateurs ainsi que des processus de longue durée.

L'histoire généralisée combine le temps cyclique, celui de répétitions et des réitérations, et le temps irréversible. Ainsi les planètes tournent autour du Soleil, le jour succède à la nuit et les saisons aux saisons sur la Terre, les sociétés établissent leur calendrier en se fixant justement sur le temps cyclique des astres et de la Terre elle-même, mais c'est le temps irréversible qui nourrit le temps cyclique et qui finalement le détruira.

Il y a donc des histoires : l'histoire de l'univers, l'histoire de la vie, l'histoire de l'humanité. Mais il y a l'histoire généralisée faite d'une dialogique d'ordre/désordre/organisation où s'inscrivent les diverses histoires, toutes porteuses d'innovations/créations et de désintégration et mort. Où va-t-elle ? On ne le sait... Les dernières nouvelles du cosmos nous annoncent que sous l'effet d'une énergie noire invisible et hégémonique, la gravitation qui tend à concentrer l'univers serait vouée à l'échec au profit d'une dispersion et comme l'annonce le poète Eliot, il mourrait dans un chuchotement, *"a whisper"*. L'histoire humaine est évidemment tributaire de cette histoire généralisée. Elle ne saurait continuer sur Terre après le refroidissement inéluctable du Soleil. L'émigration vers d'autres planètes ne ferait que différer la mort...

Ainsi l'histoire humaine s'inscrit dans le grand récit de l'hominisation, qui s'inscrit dans le grand récit de la vie, et celui-ci s'inscrit dans le gigantesque récit de l'univers. Nous contenons en nous l'histoire de l'univers et la continuons à un niveau de réalité nouvelle. L'histoire de l'univers est aussi shakespearienne que l'histoire humaine, *like a tale told by an idiot, full of sound and fury.*

Quoi qu'il en soit, comme disait Hugo von Hofmannsthal, "nous sommes sur les ailes du temps et il n'y a pas de griffes pour nous appuyer".

3. La société humaine

L'humain, avons-nous dit, est trinitaire. Il se définit dans et par une boucle à trois termes espèce/individu/société où chacun des termes est nécessaire à l'existence des autres, où chacun des termes qui englobe les autres se trouve en même temps à l'intérieur de chacun (l'espèce est dans l'individu, avec son patrimoine génétique et sa potentialité reproductrice, la société est à l'intérieur de l'individu, dans sa culture, son langage, ses mœurs).

Toute société est soumise à deux quasi-logiciels à la fois complémentaires et antagonistes : le logiciel communautaire *(Gemeinschaft)* de solidarité face au monde extérieur et surtout l'ennemi, le logiciel sociétal, qui comporte concurrences, rivalités et conflits *(Gesellschaft)*, lesquels prédominent en temps de paix.

4. Une éthique du genre humain

L'enseignement doit amener à une "anthropo-éthique" par la considération du caractère ternaire de la condition humaine, qui est d'être à la fois individu-société-espèce. Dans ce sens, l'éthique individu/société nécessite un contrôle mutuel de la société par l'individu et de l'individu par la société, c'est-à-dire la démocratie ; l'éthique individu/espèce appelle au XXIᵉ siècle la citoyenneté terrestre.

L'éthique, dont les sources à la fois très diverses mais universelles sont solidarité et responsabilité, ne saurait être enseignée par des leçons de morale. Elle doit se former dans les esprits à partir de la conscience que l'humain est à la fois individu, partie d'une société, partie d'une espèce. Nous portons en chacun de nous cette triple réalité. Aussi, tout développement vraiment humain doit-il comporter le développement conjoint des autonomies individuelles, des solidarités communautaires et de la conscience d'appartenir à l'espèce humaine.

À partir de cela s'esquissent les deux grandes finalités éthico-politiques du nouveau millénaire : établir une relation de contrôle mutuel entre la société et les individus par la démocratie, accomplir l'humanité comme communauté planétaire. L'enseignement doit contribuer, non seulement à une prise de conscience de notre *Terre patrie*, mais aussi permettre que cette conscience se traduise en une volonté de réaliser la citoyenneté terrienne.

VI
ÊTRE FRANÇAIS

Apprendre à être français est un enjeu majeur de la réforme de l'éducation, surtout en notre période de crise de l'intégration. L'histoire de France, telle qu'elle est enseignée, apparaît d'autant plus étrangère à l'élève d'ascendance immigrée, qu'Africain ou Martiniquais d'origine, c'est l'asservissement et l'esclavage qu'évoque en lui l'histoire colonisatrice de la France, que Nord-Africain ou Vietnamien d'origine, il ne peut manquer d'évoquer les difficiles libérations gagnées et parfois les sanglantes guerres d'indépendance. Juif, il n'est reconnu comme citoyen qu'à la Révolution, mais contesté comme citoyen normal par l'antisémitisme. Musulman, il ressent les rejets qui s'accroissent contre sa religion.

En revanche, il est un visage de l'histoire de France, qui, bien qu'essentiel, est ignoré ou méconnu. C'est celui qui identifie cette histoire à la formation progressive d'une unité multiculturelle. C'est celui qui inscrit un sceau d'universalité dans l'œuvre de ses penseurs, de Montaigne à Voltaire, et dans la Révolution française. Être français c'est avoir été francisé.

L'histoire de France, pendant le cours d'histoire proprement dit, devrait être alors être présentée sous l'angle de la francisation.

1. Les quatre naissances de la France

Les origines mythico-réelles de la France, telles que les enseignent les livres d'histoire pour écoliers, ont un caractère de complexité métisse. La première naissance reconnue est gauloise : divisée jusqu'à la conquête romaine, la Gaule se forme en s'unissant contre l'envahisseur. Aussi l'histoire future retient Vercingétorix comme le premier héros national. Mais le moment de formation précède de peu le moment de la dissolution puisque Vercingétorix une fois vaincu et immolé, la Gaule devient romaine. Or, dans notre mythologie nationale, Rome n'est pas considérée comme la puissance ennemie occupante, mais comme la coformatrice, dans l'intégration mutuelle des deux composantes, d'une seconde naissance, celle d'une entité nommée justement gallo-romaine qui absorbe en elle la latinité dans la langue et la civilisation.

À cette seconde naissance va succéder une troisième, au cœur du chaos d'invasions qui s'installe dans la décomposition de l'Empire romain. Clovis est l'opérateur mythique de cette troisième naissance. Ce roi franc va donner à la France le nom qui semble définir la francité face à la germanité, puisque Clovis est désigné par les chroniques ultérieures comme le vainqueur des Alamans dans la bataille de Tolbiac (496) ; converti au christianisme et sacré à Reims, il apparaîtra comme le fondateur de la France chrétienne. Mais ce n'est pas Clovis qui a battu les Alamans et les Francs étaient un peuple germanique dont la langue était telle. En fait Clovis opère la troisième naissance de la France en y intégrant la substance germanique et en y instaurant le christianisme.

La quatrième et véritable naissance a lieu en 987 avec le règne d'Hugues Capet. Cette naissance est paradoxale, car l'espace proprement royal ne couvre que l'Île-de-France, l'Orléanais et la région de Senlis. Le reste est divisé en plusieurs fiefs en fait indépendants, ethniquement et linguistiquement très divers, du comté de Bretagne au duché de haute Lotharingie, du comté de Flandre au comté de Provence.

2. La francisation continue

La France s'est faite, à partir des rois capétiens, en francisant des populations non franciennes : le francien était le dialecte d'oïl de l'Île-de-France et de l'Orléanais qui, en s'imposant et se surimposant sur les multiples autres dialectes d'oïl et d'oc, est devenu le français.

C'est dire que la France s'est constituée par un multiséculaire processus de francisation de peuples et d'ethnies beaucoup plus hétérogènes que celles de l'ex-Yougoslavie par exemple.

La francisation ne s'est pas effectuée seulement en douceur, mais elle ne s'est pas effectuée seulement par la force. Il y a eu brassages et intégration dans la formation de la grande nation. L'identité française n'a pas impliqué la dissolution des identités provinciales, elle a effectué leur subordination, et elle comporte en elle l'identité de la province intégrée, c'est-à-dire une double identité.

La Révolution française a apporté à la francisation une légitimation républicaine : en opérant une substitution de souveraineté, le peuple se proclame souverainement "grande nation" à la fête de la Fédération du 14 juillet 1790 où les représentants de toutes les provinces déclarent solennellement leur volonté d'être français. Dès lors la France incorpore, en sa nature même, un esprit et une volonté. La France, sans cesser de demeurer un être terrestre, devient un être spirituel et cela d'autant plus qu'avec le message de la Déclaration des droits de l'homme, l'idée de France comporte désormais, dans sa singularité même, l'idée d'universalité. D'où l'amour que l'idée de France a inspiré à tant de proscrits, humiliés et persécutés dans le monde.

La polémique franco-allemande sur l'Alsace-Lorraine, au cours du XIXᵉ siècle, affermit la conception spirituelle de l'identité française. Alors que l'Allemagne considère comme sienne cette terre germanique de langue et de culture, la France la reconnaît sienne par son esprit et sa volonté d'adhésion. C'est bien l'idée volontariste et spiritualiste de la France que la IIIᵉ République a fait triompher sur les idées de race et de sang que lui oppose le parti anti-républicain, dont du reste les trois composantes, monarchiste, catholique, xénophobe vont progressivement se dissocier.

3. La francisation par intégration d'immigrés

Aussi, dans le cadre intégrateur de la IIIe République, la francisation se pour-suivra au XXe siècle, mais de façon toute nouvelle, non plus à partir de terri-toires annexés ou ralliés, mais à partir d'immigrants venus des pays voisins. La France est alors le seul pays d'Europe démographiquement déclinant, où de plus les terres les moins fertiles sont abandonnées par leurs habi-tants. Cette situation attire les premières vagues d'Italiens et Espagnols. La IIIe République institue alors les lois qui permettent aux enfants d'étrangers nés en France de devenir automatiquement français et facilitent la natura-lisation des parents. L'instauration à la même époque de l'école primaire laïque, gratuite et obligatoire permet d'accompagner l'intégration juridique par une intégration de l'esprit et de l'âme. Dans ce sens, le "nos ancêtres les Gaulois" que l'on a fait ânonner aux enfants d'immigrés ne doit pas être vu seulement dans sa stupidité. Ces Gaulois mythiques sont des hommes libres qui résistent à l'invasion romaine, mais qui acceptent l'acculturation dans un empire devenu universaliste après l'édit de Caracalla. Dans la francisation, les enfants reçoivent de bons ancêtres, qui leur parlent en même temps de liberté et d'intégration, c'est-à-dire de leur devenir de citoyens français.

Ainsi le processus multiséculaire de la francisation a formé la France. Au cours de ce processus, la Révolution française a introduit dans le code géné-tique de l'identité française un principe spirituel et l'idée d'universalité. Ce qui signifie que le ressourcement français, compris dans cette logique histo-rique, n'est pas un processus de rejet et de fermeture.

Il y a eu certes des difficultés et de très grandes souffrances et humiliations subies par les immigrés, vivant à la fois accueil, acceptation, amitié, et refus, rejet, mépris, insultes. Des réactions xénophobes n'ont pu toutefois empê-cher le processus de francisation, et, en deux et au plus trois générations, les

Italiens, Espagnols, Polonais, juifs laïcisés de l'Est et de l'Orient méditerranéen se sont trouvés intégrés jusque dans et par le brassage du mariage mixte. Ainsi, en dépit de puissants obstacles, la machine à franciser laïque et républicaine a admirablement fonctionné pendant un demi-siècle.

Est-elle rouillée aujourd'hui ? Rencontre-t-elle des problèmes nouveaux qu'elle ne peut résoudre ?

4. Les difficultés nouvelles

Il y a eu, avons-nous vu, une mutation dans la francisation quand celle-ci, au début du siècle, s'est effectuée non plus en provincialisant des territoires, mais en nationalisant des immigrés. Aujourd'hui, de nouvelles conditions semblent devoir appeler une seconde mutation.

Tout d'abord il y a l'exotisme de religion ou de peau chez de nombreux immigrés, venus des Balkans, du Maghreb, d'Afrique noire, d'Asie (Pakistan, Philippines). Il faut toutefois remarquer que la religion des immigrés cesse d'être un obstacle dès qu'il y a acceptation de la laïcité de la vie publique française, condition *sine qua non* de l'intégration, et cela a été le fait des juifs et des musulmans des précédentes générations, qui, comme les catholiques, ont pu garder à titre privé leur foi religieuse. Il faut remarquer aussi que les Noirs et créoles des territoires d'outre-mer sont déjà entrés dans la nationalité française, de même que des Vietnamiens et Chinois. Mais l'extension du flux doit nous amener à concevoir qu'un caractère multiethnique et multiculturel élargi devient un constituant nouveau de l'identité française, qui, comme déjà celle des pays d'Amérique du Nord et du Sud, va comporter en elle la possibilité d'intégrer dans son principe tous les constituants ethniques de la diversité planétaire.

En second lieu, nous sommes entrés dans une période de crise d'identité aux multiples visages. La double identité, provinciale et nationale, cesse d'être vécue de façon paisible dès lors que le courant d'homogénéisation mondialisant menace la première identité. D'où à partir de 1960 les réactions provincialistes de défense linguistique, culturelle et économique pour sauvegarder l'identité menacée. Un tel problème se pose également, bien que de façon différente, chez des immigrés qui veulent bénéficier de la civilisation française sans y dissoudre leur identité. Il ressort que l'identité française doit demeurer une double identité, et respecter désormais de façon attentive, y compris pour les Français eux-mêmes, les diversités ethniques/culturelles, ce qui entraîne un dépassement du jacobinisme homogénéisant.

En troisième lieu, le problème de la francisation se pose aujourd'hui dans le contexte d'une crise de la civilisation urbaine. Cette crise que subit le plus gros de la population française y favorise les rejets et les agressivités, ce qui favorise chez les récents immigrés le repli ghettoïque, la refermeture sur les solidarités d'origine, et la constitution de bandes adolescentes ethniquement fermées sur elles-mêmes. Tout cela fortifie la boucle causale où les hostilités s'entre-nourrissent les unes les autres, constituant autant de freins à l'intégration.

En quatrième lieu, les tensions extrêmes qui, depuis la guerre d'Algérie jusqu'à la guerre du Golfe et le nouveau djihadisme, renaissent périodiquement entre le monde arabo-islamique et le monde européo-occidental, ne sont pas près d'être apaisées tant que la crise du Moyen-Orient, avec d'abord le problème israélo-palestinien, puis les crises de décomposition irakienne, libyenne, syrienne, pèsent de façon damocléenne sur notre avenir. La tension muette, mais craintive et parfois haineuse de part et d'autre, constitue une barrière invisible à l'approfondissement de l'intégration des populations d'origine arabo-islamique. Les cas de Khaled Kelkal et Mohammed Mehra illustrent l'oscillation, chez bien des jeunes beurs pourtant nés en France, entre intégration, délinquance, djihadisme.

Enfin, la crainte de la ruée des immigrants pauvres du Sud et de l'Est dans une société vouée au chômage et menacée de crise crée un climat apte à favoriser les rejets aveugles. Ce qui pose le problème : le processus de francisation peut-il se poursuivre au moment même où tant de conditions psychologiques, sociales et économiques sont favorables aux xénophobies et racismes dans un processus de régression politique favorable aux refermetures nationalistes et ethnicistes ?

5. Aux couleurs de la France

Tout d'abord, retirons tout critère quantitatif abstrait qui déterminerait le taux d'immigrants intégrables. Une culture forte peut assimiler un très grand nombre d'immigrés. Ainsi, depuis le début du XXᵉ siècle, une Catalogne de deux millions d'habitants a pu catalunyer six millions de non-Catalans. La force de la culture catalane était d'être une culture urbaine, dont la langue était parlée par la bourgeoisie et l'intelligentsia, et non une culture folklorique résiduelle des campagnes. La culture française est très forte. C'est une culture de villes, qui favorise rencontres de travail, de bistro, de loisirs (il faut voir comment une grande victoire de football francise immédiatement et provisoirement blacks et beurs) ; cette culture comporte un système éducatif généralisé et encore puissant. C'est une culture publique et civique de caractère laïque, et c'est cette laïcité qui seule est capable d'intégrer politiquement et intellectuellement les diversités ethniques. C'est la culture laïque qui constitue à la fois un des caractères les plus originaux de la France et la condition *sine qua non* de l'intégration de l'étranger.

Mais nous devons cesser de lier uniformisation culturelle et laïcité. Il faut au contraire lier l'abandon du jacobinisme culturel à la régénération de la laïcité. Dès lors notre culture peut ouvrir davantage son universalité potentielle et accepter l'idée d'une France multiethnique et multiculturelle, qui, en s'ouvrant aux diverses couleurs de peau, demeurera aux couleurs de la France, c'est-à-dire Une.

Les États-Unis disposent d'une culture forte de nature différente. Elle est fondée sur les principes de leur Constitution, sur le rêve américain de réussite, et sur l'unification des mœurs, goûts, gestes, façons de parler qu'ont répandue le cinéma et la télévision, ce qui leur permet, en dépit d'énormes désordres, violences et iniquités, de métaboliser des immigrants de toutes origines et fabriquer des Américains. La France, qui s'est faite et développée dans et par la francisation permanente au cours d'une histoire millénaire, est différente. Son statut se trouve entre celui des autres pays européens dotés

d'une histoire singulière, qui longtemps pays d'émigrants, ne savent pas intégrer leurs immigrés, et celui des États-Unis, pays d'immigration par nature.

Le problème n'est donc pas, dans son principe, celui de la quantité d'immigrants. Le problème est celui du maintien de la force de la culture et de la
civilisation française. Il est inséparable du problème que pose le devenir de
la société française.

Nous avons dit que la culture urbaine et l'éducation sont des facteurs fondamentaux de la francisation des immigrés. Mais la ville est en crise, l'éducation se sclérose. Le délabrement de civilisation est à la fois le problème de
fond de notre société et le problème de fond de la francisation.

Une culture forte peut intégrer, mais non dans des conditions de crise
économique et morale grave. Tout est lié aujourd'hui : politique, économie,
civilisation. On commence à voir le lien entre ville-banlieues-logement-
atomisation-jeunes-drogues-immigrés-chomeurs, bien que chacun de ces
problèmes comporte sa spécificité.

Avicenne, à la suite d'Hippocrate, disait qu'il faut traiter les causes d'une
maladie et non ses symptômes. Mais il disait aussi que quand le malade est
au plus mal, il faut traiter d'urgence les symptômes. Aussi, il est aujourd'hui
nécessaire de réduire les symptômes (logements, crédits, loisirs, sports, etc.),
mais il ne faut pas pour autant oublier les problèmes de fond, qui nécessitent
l'élaboration d'une politique de fond : une politique de civilisation.

Une politique de civilisation viserait à régénérer les cités, à réanimer les
solidarités, à susciter ou ressusciter des convivialités, à régénérer l'éducation.
Ces quelques orientations ne formulent pas des solutions, elles indiquent
des voies.

Il ne faut pas exclure l'hypothèse que nous soyons submergés par des
crises en chaîne, et qu'alors des régressions économiques, sociales, politiques entraîneraient l'arrêt de la francisation. Une progression économique,
sociale ou politique comporterait au contraire d'elle-même la poursuite de
la francisation.

Enfin, il est nécessaire de situer le problème de l'immigration dans son contexte européen. Tous les pays d'Europe sont aujourd'hui en crise démographique, tous les pays occidentaux et nordiques comptent des populations immigrées. Le modèle français de naturalisation et d'intégration scolaire pourrait donc devenir un modèle européen, qui permettrait à l'Europe de rajeunir démographiquement et d'assumer sa nouvelle et future condition de province planétaire. De plus une citoyenneté européenne permettrait aux immigrants d'accéder à une multi-identité nouvelle, tout en provincialisant leur origine extra-européenne. Et, même au sein de cette conception européenne, l'originalité française demeurera, puisque, répétons-le, l'histoire de France se confond avec l'histoire de la francisation.

Ici encore, la prospection d'un avenir nécessite le retour aux sources. D'où notre conviction : continuer la France millénaire, la France révolutionnaire, la France républicaine, la France universaliste, c'est aussi continuer la francisation. C'est continuer l'originalité française dans l'intégration européenne.

Mais une telle continuation nécessiterait une profonde régénération non seulement politique et culturelle, mais aussi pédagogique. De toute façon, la route sera longue, difficile, aléatoire, et il y aura encore du sang et des larmes.

CONCLUSION
RÉGÉNÉRER L'ÉROS

Il n'existe jamais de consensus préalable à l'innovation. On n'avance pas à partir d'une opinion moyenne qui est, non pas démocratique, mais médiocratique. On avance à partir d'une passion créatrice. Toute innovation transformatrice est d'abord une déviance. Ce fut le cas du bouddhisme, du christianisme, de l'islam, de la science moderne, du socialisme. La déviance se diffuse en devenant une tendance puis une force historique. Il nous faut une révolution pédagogique équivalente à celle de l'université moderne, née à Berlin au début du XIXᵉ siècle. C'est cette université, aujourd'hui mondialisée, qu'il faut révolutionner, en gardant ses acquis, mais en y introduisant la connaissance complexe de nos problèmes fondamentaux. C'est tout le système d'éducation contemporain, fondé sur le modèle disciplinaire de l'université et la disjonction entre sciences et humanités, qu'il faut dans le même sens révolutionner.

De toute façon, une révolution sauvage des conditions d'acquisition des savoirs est en cours dans Internet et se déchaîne. Cette révolution affecte l'économie, les relations humaines, et l'éducation elle-même. Le développement d'une gratuité d'acquisition de connaissances, d'acquisition de littérature, de musique, la possibilité de diffuser gratuitement le savoir et l'art sur toute la planète, en cours de réalisation, d'une part nous ouvre une possibilité très ample de démocratisation culturelle, d'autre part nous contraint à repenser tout le système d'enseignement. En dépit de toutes les communications par vidéos, Skype et autres, il manque à Internet la présence physique, charnelle, psychique, active, réactive et rétroactive de l'éducateur, non comme auxiliaire, mais comme chef d'orchestre qui permet de considérer, critiquer, organiser les connaissances d'Internet. Il dépend de nous de civiliser cette révolution en y introduisant l'Éros du chef d'orchestre, maître ou professeur, qui peut et doit guider la révolution pédagogique de la connaissance et de la pensée. Qui

---

1. Edgar Morin, colloque de l'Unesco, juillet 2001.

d'autre que ce chef d'orchestre pourrait enseigner concrètement les pièges de l'erreur, de l'illusion, de la connaissance réductrice ou mutilée dans un dialogue permanent avec l'élève ? Qui d'autre pourrait, si ce n'est dans l'échange compréhensif, enseigner la compréhension humaine ? Qui d'autre pourrait inciter concrètement, dans l'encouragement et la stimulation, à affronter les incertitudes ? Qui d'autre, dans son humanisme actif, pourrait inciter à être humain ? Qui d'autre, dans son amour de la France une et diverse, pourrait faire comprendre la nature multiculturelle de notre nation et continuer ainsi, à son échelle, la francisation ?

Cette notion de chef d'orchestre inverse le cours même de la classe. L'enseignant ne distribue plus en priorité le savoir aux élèves. Une fois le thème d'un devoir ou d'une interrogation orale fixé, c'est à l'élève de puiser dans Internet, les livres, les revues et tous documents utiles la matière du devoir ou de l'interrogation et de présenter son savoir à l'enseignant. Et c'est alors à celui-ci, véritable chef d'orchestre, de corriger, commenter, apprécier l'apport de l'élève, pour arriver, dans le dialogue avec ses élèves, à une véritable synthèse réflexive du thème traité.

Au-delà de l'école et de l'université actuelle, il faut poursuivre cette symbiose dans l'éducation permanente pour adultes. Ne pourrait-on, comme on le faisait dans le passé pour le service militaire, imaginer que chaque citoyen et citoyenne puisse effectuer vingt-huit jours par an d'un service d'éducation, incluant la révision et la remise à jour des connaissances, l'exercice de gymnastique psychique de l'autoexamen...

Le lecteur le perçoit maintenant. Le but de la réforme de l'éducation, qui est finalement le "bien vivre" de chacun et de tous, notamment pour les enseignants et pour les enseignés, nécessite de part et d'autre une régénération de l'Éros. Cela est possible puisque cela est déjà potentiel chez les uns et les autres. Chez ceux qui ont ressenti la vocation d'enseigner, l'Éros était présent, dans l'amour pour le savoir qu'ils dispensaient, l'amour pour une jeunesse à éduquer. Chez les enfants et les jeunes, quelle merveilleuse curiosité pour toutes choses, souvent déçue par un enseignement qui coupe la réalité du monde en tranches séparées, où même la littérature devint rébarbative à l'ère sémiotique. Cette curiosité peut être réanimée en désir de savoir[1], non seulement avec et par un maître possédé par l'Éros, mais aussi par une formation enrichie de matières passionnantes comme celles des sept savoirs et celles de l'éducation à la civilisation.

Bien entendu, cela ne pourrait se réaliser que si l'on incite et éduque à la compréhension mutuelle des deux classes de la classe, et plus largement pour les nouvelles générations à une compréhension généralisée d'autrui, reconnu à la fois semblable et différent de soi.

Connaissance de la connaissance et compréhension sont deux maîtres mots. La connaissance de la connaissance permettra de dépister bien des erreurs chez les uns et les autres, éducateurs, éduqués qui seraient les futurs adultes de la première génération formée à la lucidité. La compréhension permettra de dépister, reconnaître et surmonter bien des erreurs chez les uns et les autres et elle sera un précieux viatique pour les futurs adultes, première génération formée à la compréhension de soi et d'autrui.

La compréhension est mère de la bienveillance. La compréhension est mère de ce qui doit constituer la vertu maîtresse de toute vie en société : la reconnaissance de la pleine humanité et de la pleine dignité d'autrui.

La compréhension, la bienveillance, la reconnaissance vont permettre non seulement un mieux vivre dans la relation enseignant-enseigné, dans toute relation d'autorité, dans toute relation humaine, mais aussi combattre le mal moral le plus cruel, le plus atroce qu'un être humain puisse faire à un autre être humain : l'humiliation.

La conflictualité ne saurait être totalement abolie, mais elle pourrait être minorée ou surmontée par la compréhension. L'harmonie qui abolit tout antagonisme est impossible et même non souhaitable.

Mais quel progrès éthique si nous nous égarons moins, si nous comprenons mieux ! Ce serait cela poursuivre l'hominisation !

1. Philippe Meirieu, *Le Plaisir d'apprendre*, Autrement, 2014, et Britt-Mari Bath, *Élève chercheur, enseignant médiateur, Donner du sens aux savoirs*, Retz, 2013.

Répétons à nouveau l'interdépendance de toutes les réformes.

La réforme de la connaissance et de la pensée dépend de la réforme de l'éducation qui dépend de la réforme de la connaissance et de la pensée. La régénération de l'éducation dépend de la régénération de la compréhension, qui dépend de la régénération de l'Éros, qui dépend de la régénération des relations humaines, lesquelles dépendent de la réforme de l'éducation. Toutes les réformes sont interdépendantes. Cela peut sembler un cercle vicieux décourageant. Cela doit constituer un cercle vertueux encourageant la conjugaison des deux savoir-vivre :

– celui qui aide à moins se tromper, comprendre, affronter l'incertitude, connaître la condition humaine, connaître notre monde globalisé, puiser aux sources de toute morale qui sont solidarité et responsabilité ;

– celui qui aide à se repérer dans notre civilisation, à en connaître la part immergée qui, comme celle de l'iceberg, est plus importante que la part émergée, à se défendre et se protéger, protéger les siens.

Tout cela encourageant le grand cercle vertueux, dans une volonté d'accomplir la mission historique du savoir-vivre-penser-agir au XXIe siècle.

Ce serait plus qu'une réforme, plus riche qu'une révolution, UNE MÉTA-MORPHOSE.

DU MÊME AUTEUR
PRINCIPAUX OUVRAGES

LA MÉTHODE

LA NATURE DE LA NATURE (t. 1), Éditions du Seuil, 1977. Nouvelle édition, coll. "Points", 2014.
LA VIE DE LA VIE (t. 2), Éditions du Seuil, 1980. Nouvelle édition, coll. "Points", 2014.
LA CONNAISSANCE DE LA CONNAISSANCE (t. 3), Éditions du Seuil, 1986. Nouvelle édition, coll. "Points", 2014.
LES IDÉES (t. 4), Éditions du Seuil, 2014.
HUMANITÉ DE L'HUMANITÉ. L'IDENTITÉ HUMAINE (t. 5), Éditions du Seuil, 2001. Nouvelle édition, coll. "Points", 2014.
ÉTHIQUE (t. 6), Éditions du Seuil, 2004. Nouvelle édition, coll. "Points", 2014.

COMPLEXUS

SCIENCE AVEC CONSCIENCE, Fayard, 1982. Nouvelle édition, Éditions du Seuil, coll. "Points", 1990.
SOCIOLOGIE, Fayard, 1984. Nouvelle édition revue et augmentée, Éditions du Seuil, coll. "Points", 1994.
ARGUMENTS POUR UNE MÉTHODE AUTOUR D'EDGAR MORIN : COLLOQUE DE CERISY [juin 1986], Éditions du Seuil, 1990. Sous la direction de Daniel Bougnoux, Jean-Louis Le Moigne, Serge Proulx.
INTRODUCTION À LA PENSÉE COMPLEXE, ESF, 1990. Nouvelle édition, Éditions du Seuil, coll. "Points", 2001.
L'INTELLIGENCE DE LA COMPLEXITÉ (avec Jean-Louis Le Moigne), L'Harmattan, coll. "Cognition & formation", 1999.

ANTHROPO-SOCIOLOGIE

L'HOMME ET LA MORT, Corrêa, 1951. Nouvelle édition, Éditions du Seuil, coll. "Points", 1976.
LE CINÉMA OU L'HOMME IMAGINAIRE, Éditions de Minuit, 1956. Nouvelle édition, 1978.

LE PARADIGME PERDU : LA NATURE HUMAINE, Éditions du Seuil, 1973. Nouvelle édition, coll. "Points", 1991.

L'UNITÉ DE L'HOMME (avec Massimo Piatelli-Palmarini), Éditions du Seuil, 1974. Nouvelle édition, coll. "Points", 3 vol., 1978.

NOTRE TEMPS

L'AN ZÉRO DE L'ALLEMAGNE, éditions de La Cité universelle, 1946.

LES STARS, éditions du Seuil, 1957. Nouvelle édition, coll. "Points", 1995.

L'ESPRIT DU TEMPS (t. 1), *Névrose*, Grasset, 1962. Nouvelle édition, coll. "Biblio Essais", 1983.

L'ESPRIT DU TEMPS (t. 2), *Nécrose* (avec Irène Nahoum), Grasset, 1962. Nouvelle édition, coll. "Biblio Essais", 1983.

COMMUNE EN FRANCE : LA MÉTAMORPHOSE DE PLODEMET, Fayard, 1967. Nouvelle édition, sous le titre *COMMUNE EN FRANCE : LA MÉTAMORPHOSE DE PLOZÉVET*, Pluriel, 2013.

MAI 1968, LA BRÈCHE : PREMIÈRE RÉFLEXION SUR LES ÉVÉNEMENTS (avec Jean-Marc Coudray et Claude Lefort), Fayard, 1968. Deuxième édition, *MAI 1968 : LA BRÈCHE* ; suivi de *VINGT ANS APRÈS* (avec Cornélius Castoriadis et Claude Lefort), Fayard, 2008.

LA RUMEUR D'ORLÉANS, Éditions du Seuil, 1969. Édition complétée avec *LA RUMEUR D'AMIENS*, de Claude Fischler, coll. "Points", 2010.

POUR SORTIR DU XXe SIÈCLE, Nathan, 1981. Nouvelle édition, Éditions du Seuil, coll. "Points", 2004, sous le titre *POUR ENTRER DANS LE XXIe SIÈCLE*.

DE LA NATURE DE L'URSS, Fayard, 1983.

PENSER L'EUROPE, Gallimard, 1987. Nouvelle édition complétée, coll. "Folio", 1990.

UN NOUVEAU COMMENCEMENT (avec Mauro Ceruti et Gianluca Bocchi), Éditions du Seuil, 1991.

TERRE-PATRIE (avec Anne-Brigitte Kern), Éditions du Seuil, 1993. Nouvelle édition augmentée, coll. "Points", 2010.

POLITIQUE

INTRODUCTION À UNE POLITIQUE DE L'HOMME, Éditions du Seuil, 1965. Nouvelle édition, coll. "Points", 1999.

UNE POLITIQUE DE CIVILISATION (avec Sami Naïr), Arléa, 1997.

LA VOIE : POUR L'AVENIR DE L'HUMANITÉ, Fayard, 2011.

LE CHEMIN DE L'ESPÉRANCE (avec Stéphane Hessel), Fayard, 2011.

Ouvrage réalisé
par l'Atelier graphique Actes Sud.
Achevé d'imprimer
en août 2014
par Normandie Roto Impression s.a.s.
61250 Lonrai
sur papier fabriqué à partir de bois provenant
de forêts gérées durablement (www.fsc.org)
pour le compte
des éditions Actes Sud
Le Méjan
Place Nina-Berberova
13200 Arles.

Dépôt légal
1re édition : septembre 2014
N° impr. : 1403020
(Imprimé en France)